Andreas Klotz

Im Zaubergewölbe der Stille
Erlebnisse und Eindrücke in Nordvorpommern

Andreas Klotz

Im Zaubergewölbe der Stille

Erlebnisse und Eindrücke
in Nordvorpommern

Projekte-
Verlag
Cornelius GmbH

Impressum

1. Auflage
© Projekte-Verlag Cornelius GmbH, Halle 2008 • www.projekte-verlag.de
Mitglied im Börsenverein des Deutschen Buchhandels

Titelfoto: *Blick in den Nebelwald,* Andreas Klotz, Hiddensee 2005
Foto Rückseite: *Teichrosen,* Andreas Klotz, Barther Stadtwald 2006

Satz und Druck: Buchfabrik Halle • www.buchfabrik-halle.de

ISBN   978-3-86634-456-3
Preis: 12,50 EURO

Inhaltsverzeichnis

Prolog

Heute ist Sonntag, der 2. April 2006. Nun geht sie los, die Fahrt nach Nordvorpommern, wo ich in den nächsten drei Monaten die Brutvögel kartieren werde. Wer hätte vor ein paar Monaten gedacht, dass ich in diesem Frühling so einer schönen Aufgabe nachkommen darf. Denn ich bin Hartz-IV-Empfänger und in diesem Zusammenhang bei der Schutzgemeinschaft Deutscher Wald (SDW) als Ein-Euro-Kraft angestellt. Dabei soll ich Arbeiten, die im öffentlichen Interesse liegen, aber zu regulären Löhnen nicht vergütet werden, ausführen. Die ersten Tage bei der Schutzgemeinschaft ließen wenig Gutes erwarten, denn in den Arbeitskolonnen, denen ich anfangs zugeteilt war, erlebte ich weder ein vernünftiges Arbeiten, noch einen Kollegenkreis, der mir zusagte. Ich war da allerdings auch ein echter Exot. Akademiker, früherer Postbeamter, mit einem Kopf voller Interessen und Ideale, aber leider bisher nicht in der Lage, dies auch auf beruflicher Ebene respektive ökonomisch auszunutzen. In den letzten Jahren hatte ich stattdessen psychisch kranke Menschen betreut, die Vormundschaft für einen Flüchtlingsjungen übernommen, eine Kurzausbildung zum Pflegeassistenten absolviert, Aufsätze für Zeitungen geschrieben und zweieinhalb Jahre als Fahrradkurier gearbeitet.

Nun also in dieser Position, ein weiterer Abstieg schien nicht mehr ausgeschlossen. Doch ich konnte mich behaupten, kämpfte für die Möglichkeit, auf dem Betriebsgelände für die hauseigene Tischlerei allerlei körperlich anspruchsvolle Arbeiten vorrangig in der Holzbearbeitung ausführen zu können.

Dazu stellte ich mich der Geschäftsführung als Mensch mit reichhaltigen ökologischen Interessen vor, berichtete von meinen naturkundlichen Führungen, präsentierte Prospekte, verwies auf meinen Lebenslauf.

Denn, um ehrlich zu sein, eigentlich suchte ich nie etwas anderes als die Beschäftigung in und mit der Natur. Ich wollte Tiere beobachten, Pflanzen bestimmen, Menschen die Natur nahebringen. Bei der Schutzgemeinschaft stieß dies auf Resonanz. Ende Januar, ich war bereits einen Monat als Ein-Euro-Jobber tätig, kam das Angebot aus Barth in Nordvorpommern, mehrere Monate als Brutvogelkartierer zu arbeiten. Eine solche Aufgabe hatte ich mir immer gewünscht. Jetzt galt es, die Chance nicht verstreichen zu lassen und alle Möglichkeiten für eine Realisierung auszunutzen. Zuerst sprach ich mit der SDW, wo ich ein großes Entgegenkommen erlebte. Der zweite Schritt war der Antrag auf Freistellung (von der Tätigkeit bei der SDW) an die Arbeitsagentur, der von der SDW unterstützt wurde. Es klappte besser, als ich hatte hoffen können. Ralf Schmidt, Diplom-Biologe beim NABU Nordvorpommern und für die Zeit der Brutvogelkartierung mein Projektbetreuer, suchte inzwischen nach günstigen Unterkünften und beseitigte die wenigen Hürden, die sich vor Ort auftaten. Als die Freistellung erreicht, der Weiterbezug der Unterhaltsleistungen gesichert und das Einsatzgebiet nebst Wohnung ausgesucht war, konnte es losgehen.

Jetzt war ich also in Wald und Feld, Wiese und Sumpf unterwegs, um die Vögel aufzuspüren. Es wurde eine erfüllende und Freude bringende Zeit. Kälte, Nässe, beschwerliche Wegstrecken und oftmals sehr kurze Nächte forderten mir zwar einige Energie ab, konnten mich aber nicht wirklich beeinträchtigen. Ich erlebte diese Monate mit einem tiefen Gefühl von Zufriedenheit und mich erreichten immer wieder echte Glücksmomente. Davon möchte ich in diesem Buch schreiben.

An alle Arbeitslosen und auch andere Menschen, die sich schon fast abgeschrieben glauben, richte ich aber den Appell, sich ihre Würde und Selbstachtung zu bewahren, die Freiheit des eigenen Denkens nicht aufzugeben und die eigenen Träume und Ideale weiter zu verfolgen.

Ankunft in Nordvorpommern

Am 2. April gibt es in Hamburg einen ersten annähernden Frühlingstag, der hoffen lässt, dass der kalte, lange Winter endlich ein Ende nimmt. Gestern habe ich gepackt, Karton für Karton, dazu meinen großen Rucksack und kann selbst nicht so richtig glauben, dass ich so viel Gepäck benötige. Doch werde ich drei Monate unterwegs sein, mehrfach die Quartiere wechseln und nicht viel Gelegenheit zum Wäschewaschen haben. Ich brauche Kleidung für kalte und warme Tage, für Sonne und Nässe. Ebenso Zelt, Schlafsack und Kocher, falls ich die Nächte unterwegs sein will, Fernglas, Fotoapparat, Bestimmungsbücher und Literatur zur Unterhaltung. Weil in der abgelegenen Region die Einkaufsmöglichkeiten dünn gesät sind, nehme ich auch noch viel Essensvorräte nebst einigem Geschirr und Töpfen mit. Denn erfahrungsgemäß sind Ferienwohnungen, in denen ich untergebracht sein werde, mit Haushaltsgerätschaften oft unzureichend ausgestattet. So bin ich sehr dankbar, dass meine Freundin Gisela mir angeboten hatte, mich und mein Gepäck mit dem PKW nach Nordvorpommern zu chauffieren. Auch sie wundert sich über meine vielen Kartons und es ist nicht einfach, alles in ihrem kleinen Twingo unterzubringen. Aber schließlich sind alle Teile eingeladen und gegen halb zehn vormittags fahren wir in Hamburg los. Um diese Uhrzeit ist an einem Sonntagmorgen sowohl in der Stadt wie auch auf der Autobahn noch wenig Betrieb. Nach Osten hin wird es ganz ruhig und schneller als erwartet erreichen wir die Autobahnabfahrt Sanitz in Mecklenburg-Vorpommern.

Das Frühlingserwachen der Vegetation, schon in Hamburg bisher kaum vorhanden, fand weiter östlich noch gar nicht statt. Felder, Wiesen, Raine, Sträucher und Bäume präsentieren sich kahl, kaum dass vereinzelte Krokusse, Schneeglöckchen oder Forsythien wenige Farbtupfer hinzugeben. Abseits der Autobahn bekomme ich schnell einen Eindruck von der Landschaft, die mich in den kommenden Wochen erwartet. Weite Ackerschläge, kaum unterbrochen von Wegen und Heckenzügen, bestimmen das Bild. Immerhin scheinen überall feuchte und gebüschbestandene Senken zu sein und auch die Wäldchen, die uns begegnen, lassen auf Abwechslung hoffen. Buchen, Eichen, Erlen, Ahorn und Birken herrschen vor, also Laubwald mit Strauch- und Krautschicht, das gefällt mir. Ländlich ist es hier ohne Frage, aber in einer Art und Weise, die ich bisher in Deutschland noch kaum kennengelernt habe. Das sind keine Dörfer, sondern Ansammlungen von ein paar Häusern, ohne einen echten Ortsmittelpunkt, und wenn, dann besteht er aus Kirche und Friedhof. Läden, Kneipen, Post – Fehlanzeige. Doch durchqueren wir auch das kleine Städtchen Marlow, wo solche Infrastruktur nebst einem historischen Stadtbild eine glückliche Symbiose eingeht. Auf Marlow folgt das schöne Recknitztal. Noch in der Wintertracht, deutet es an, welche lebensvolle Flusslandschaft hier bald zu bewundern sein wird. Die nächste Ortschaft wirkt klein und unscheinbar, ist aber mit 400 bis 500 Einwohnern schon eine größere Siedlung. Nun ist es nur noch eine kurze Wegstrecke bis zu meiner Unterkunft. Eintönig finde ich es hier. Weit verstreut stehen einzelne Häuser, die von noch vegetationslosen Feldern gesäumt werden.

Meine Vermieterfamilie betätigt sich an diesem Sonntagvormittag mit der Gartenarbeit. Vielleicht wollen sie den Frühling aus der Reserve locken. Die Familie begrüßt uns nett. Sie wissen gleich zu Anfang eine Menge zu erzählen, zu viel, um es in diesem Moment richtig aufzunehmen. Die Wohnung ist geräumig und gut ausgestattet. Allerdings wird erst auf meine Nachfrage geheizt.

Gisela wirkt heute entspannt und gelassen, sie nahm Zeit aus Hamburg mit und möchte mit mir ein klein wenig die Umgebung erkunden. Anfangs gehen wir ein bis zwei Kilometer zu Fuß. Eine Möglichkeit zum Einkehren finden wir nicht. Deshalb führt uns der nächste Weg noch einmal nach Marlow. Hier finden wir ein nettes Restaurant, wo wir zu Mittag essen. Anschließend gibt es Espresso und Kekse in der neuen Unterkunft. Am Nachmittag fährt Gisela zurück nach Hamburg.

Mir bleibt viel Zeit, um mich in der Wohnung einzurichten, den langen Abend überbrücke ich mithilfe des Fernsehprogramms. Einer guten und durchgeschlafenen Nacht folgt am nächsten Morgen das Warten auf Ralf Schmidt vom NABU Nordvorpommern. Bisher hatten wir uns nur telefonisch und per E-Mail kennengelernt. So bin ich auf sein Eintreffen natürlich gespannt. Leider kann er erst später als vereinbart kommen, doch an Zeit mangelt es mir hier nicht. Ralf bringt neben den Kartierunterlagen ein altes Drei-Gang-Rad mit. Das wird mein Fortbewegungsmittel für die kommenden Monate sein. Spannender sind an diesem Vormittag meine Gebietskarte und der Berichtsbogen für alle in Deutschland vorkommenden Brutvogelarten. Aus ihm leitet sich meine gesamte Aufgabe ab.

Hierzulande existieren verschiedene Erfassungsmethoden für Brutvögel. Als Stichworte nenne ich die „Punkt-Stopp-Kartierung", die „Linienkartierung" und die „Revierkartierung". Die ersten beiden Varianten zeichnen sich dadurch aus, dass entlang vorgegebener Routen ausschließlich die von dort festgestellten Brutvögel, ob singend, balzend, nestbauend etc. in einer Karte festgehalten werden. Nur wenige geforderte Begehungen pro Brutsaison verlangen einen eher kleinen Zeitaufwand. Für die Revierkartierung müssen die jeweiligen Lebens- und Bruträume häufiger und intensiver begangen werden, womit der Zeitaufwand für die zumeist ehrenamtlichen Kartierer erheblich größer wird. Nun haben sich die in Deutschland tätigen ornithologischen Vereinigungen und der NABU mit Unterstützung des Bundesamtes für Naturschutz und der Heinz-Sielmann-Stiftung das ehrgeizige Ziel gesetzt, für das gesamte Bundesgebiet einen Überblick über die Bestandsgrößen aller hier brütenden Arten zu schaffen. Dafür werden die bereits erprobten Methoden kombiniert, jedoch um ihre Eignung für die große Aufgabe modifiziert. Zu diesem Zweck erhält jeder Kartierer mindestens einen Quadranten aus einer topografischen Karte (TK) 1 : 25000 zugeteilt. Dabei handelt es sich um jeweils 30 Quadratkilometer. Innerhalb dieses Gebiets sollen nun zunächst alle festgestellten Brutvogelarten aufgelistet werden. Um das zu vereinfachen, enthält der Arbeitsbogen das Verzeichnis aller bisher in Deutschland festgestellten Arten. Ebenso weist dieser aus, ab welcher Beobachtungstiefe ein Vogel als brütend angegeben werden darf. Das heißt, reicht die einfache Feststellung des Reviergesangs oder müssen ein Nest oder gar Jungvögel nachgewiesen werden.

Im zweiten Arbeitsschritt soll nun pro brütender Art eine Bestandseinschätzung abgegeben werden. Hierzu werden Größenklassen vorgegeben, auf deren Basis eine Eingruppierung erfolgt. Es gibt die Größenklassen 1 Brutpaar (Bp), 2–3 Bp, 4–7 Bp, 8–20 Bp, 21–50 Bp, 51–150 Bp, 151–400 Bp, 401–1000 Bp, 1001–3000 Bp, 3001–8000 Bp und über 8000 Bp. Falls die Anzahl an Brutpaaren exakt ermittelt werden konnte, sieht der Arbeitsbogen auch hierfür eine Spalte vor. Weitere Angaben dürfen von Recherchen bei naturkundigen Personen aus der Region stammen. Weil diese aufwendige Arbeit jedoch praktisch unmöglich für alle Brutvogelarten durchgeführt werden kann, wurde eine weitere Differenzierung vorgenommen. Sehr häufige Arten, die zumeist in hohen Dichten brüten, bleiben in der Erfassung mittels Punkt-Stopp-Kartierung oder Linienkartierung, da in dem Fall diese Methoden die höchste Zuverlässigkeit aufweisen. Richtige Seltenheiten mit wenigen Brutpaaren, wie See-, Fisch- und Schreiadler, Uhu, Wanderfalke etc. wurden und werden seit Jahren gezielt erfasst, weshalb hier die Brutvorkommen zumeist schon bekannt sind. Gleiches gilt für Koloniebrüter wie Möwen, Seeschwalben, Graureiher, Trottellummen oder Kormorane. Alle übrigen Arten, die nicht diesen Kategorien zufallen, sind Objekte des Brutvogelmonitorings. Sie zählen zu den sogenannten 3er-Arten, gegenüber 1er- (häufige) und 2er-Arten (Seltenheiten, Koloniebrüter).

In meinem Kartiergebiet, dem TK-Quadranten1842/2, werde ich es mit 50 bis 60 3er-Arten zu tun haben, was heißt, ich muss sie auffinden, vorrangig anhand ihres Gesangs richtig ansprechen (bestimmen) und im Laufe der Begehungen eine Vorstellung entwickeln, in welcher Häufigkeit diese Arten vorkommen. Und das bei 30 Quadratkilometern mit Wald, Sumpf, Röhricht, Gebüschen, Siedlungen, Feldern und Wiesen. Ob ich diese Aufgabe auch tatsächlich geschultert kriege?

Zunächst steht allerdings das Kennenlernen von Ralf Schmidt und des Kartiergebiets im Vordergrund. Ersteres geschieht sehr entspannt beim Begrüßungskaffee. Leider kann Ralf nicht lange bleiben, er kündigt sich aber für den folgenden Tag noch einmal an. Nachdem er gegangen ist, schwinge ich mich auf das harte und ungewohnte Rad. Die Kartierfläche möchte ich entlang ihrer Ränder abfahren, um erste Eindrücke zu erlangen. Das Wetter zeigt sich zunächst ganz einladend, und im ersten Waldstück empfangen mich weithin hörbar rufende und singende Rotdrosseln. Sie sind allerdings nur Wintergäste. Gleich darauf entdecke ich ein Kranichpaar im angrenzenden Feld, ebenso wie einen balzfliegenden Mäusebussard. Mit Karte und Vorstellungsvermögen finde ich mich auf der Strecke zurecht. Leider geht es jetzt auf dem Feldweg mit Pfützen, Schlamm und Steinen weiter. Auch hält das Wetter nicht lange, es gibt Wind und Regen, in der nächsten Ortschaft stelle ich mich unter. Richtig besser wird das Wetter aber nicht mehr, und zu allem Überdruss verliere ich an meinem Fernglas die linke Augenmuschel. Sie findet sich nicht wieder. Ich werde richtig nass, kämpfe mich durch den Wind und quäle mich mit dem ungewohnt sitzenden Radsattel. Als Abkürzung nach Hause wähle ich einen schlammigen und zurzeit nur zu Fuß begehbaren Weg, der immerhin an einem schönen Wäldchen entlangführt. Noch einmal trompetet ein Kranichpaar, während ich mühsam vorankomme. Drei Stunden nach Aufbruch bin ich wieder in meiner Unterkunft. Recht angestrengt zwar, ärgerlich wegen der Augenmuschel, aber auch glücklich, die ersten Schritte getan zu haben.

Unterwegs

Als ich am nächsten Morgen aufstehe, bleibt die Heizung kalt. Das reklamiere ich bei meinem Vermieter, der unvermutet antwortet, für den geringen Mietpreis gäbe es keine Luxuswohnung. Von Luxus soll auch keine Rede sein und für den Mietpreis ist der NABU verantwortlich, der die Unterkunft mit Mitteln der Bingo-Umweltlotterie finanziert. Heizung ist doch elementar, da hilft mir nicht der Verweis auf geringe Einnahmen. Nun ja, nach meiner Intervention wird heute geheizt. Am Nachmittag möchte Ralf mich besuchen, die Zeit bis dahin nutze ich für einen Abstecher in die nächste größere Ortschaft.

Trist empfinde ich es dort, sehr trist. Sicher spielen in diese Einschätzung Wetterlage und Winterkälte hinein, doch wirkt die Ortschaft grau und verlassen, wie von einer Depression befallen. Häuser und Fabrikgebäude tragen Spinnennetze in den zertrümmerten Fenstern, Putz bröckelt, kaum ein Mensch lässt sich blicken. Etwas bedrückt über diese Eindrücke suche ich im Rathausgebäude das Gespräch mit einer schon etwas älteren Frau, die zweimal wöchentlich die hiesige Minibibliothek betreut. Sie bestätigt meine Einschätzung und klagt ihrerseits sehr darüber, dass fast alle jungen Menschen praktisch gezwungen sind, die Dörfer zu verlassen, um zumeist in den alten Bundesländern nach Arbeit zu suchen. Deshalb existiere hier auch kaum noch Infrastruktur, seien Kneipen, Läden, Post oder Busverbindungen verschwunden. Sehen so die blühenden Landschaften aus, die ein früherer Bundeskanzler prophezeite?

Nachmittags besucht mich Ralf. Heute können wir viel gemeinsam unternehmen, was wir zunächst zu einer Gebietsexkursion mit dem Auto nutzen. Höhepunkte sind ein kurzer Abstecher ins naturbelassene Tal der Blinden Trebel, wo auch Biber leben, und die Beobachtung von Sing-, Zwerg- und Höckerschwänen und einer Rostgans bei einer wassergefüllten Senke im Feld. Wir finden viel Gesprächsstoff, z. B. über Naturschutz im Allgemeinen und in Nordvorpommern oder die soziale Verödung der Region und mit welchen Schritten dem begegnet werden könnte. Dann planen und durchdenken wir die weitere gemeinsame Arbeit und tauschen unsere Erlebnisse und Erfahrungen bei der Beobachtung von Vögeln und anderen Tieren aus. Später besuchen wir zu meiner Vorstellung zwei Vorstandsmitglieder des NABU Nordvorpommern. Bei dieser Gelegenheit finde ich meinen alten Eindruck bestätigt, dass die ehemaligen DDR-Naturkundler, ob mit oder ohne akademische Ausbildung, über ein ungeheures Wissen und einen riesigen Erfahrungsschatz verfügen und hier den „Westlern" vieles voraus haben. Denn da besitzt ein ehemaliger Biologielehrer eine so umfangreiche botanische Bibliothek, dass ich nur noch staunen kann. Gab es hier mehr Förderung und weniger Ablenkung und damit verbunden mehr Tiefgang und Hintergrund? Im schnelllebigen Kapitalismus, wo nur Mark respektive Euro und Markt zählen und die Menschen von Event zu Event gehetzt werden (und sich hetzen lassen), bleiben solche Qualitäten auf der Strecke.

Auch am Mittwoch, meinem vierten Tag als Brutvogelkartierer, kann ich mich noch nicht für eine Erkundungstour entschließen. Weiterhin ist es kalt und unbeständig, und überdies muss ich mir eine Fahrkarte nach Hamburg besorgen. Ostern steht vor der Tür und da bin ich mit Gisela verabredet. Wir wollen von Hamburg aus über die Feiertage zu meinen Eltern nach Eisingen in Baden-Württemberg fahren. Die nächste

Bahnstation mit Verkaufsschalter befindet sich in Ribnitz-Damgarten. Diese Stadt liegt malerisch am Ostseebodden, ist bekannt für ihr Bernsteinmuseum und lockt mit weiteren Sehenswürdigkeiten wie spätmittelalterlichem Kloster und einer pittoresken Altstadt viele Touristen an. Mit dem Bus fahre ich nach Ribnitz-Damgarten. Neben der Fahrkarte besorge ich noch einige Lebensmittel und finde in den kleinen Läden der Altstadt ein paar hübsche Ostergeschenke. Gerne nutze ich auch die Möglichkeit, im Internetcafé meine E-Mails anzuschauen.

Donnerstags geht es endlich ins Gelände. Draußen ist es weiterhin kalt, weshalb ich mich erst spät aufmache. Aber einmal im Feld beginne ich mich in die Landschaft einzuleben, sie mir Stück für Stück anzueignen. Da folge ich quorrenden Kolkraben, beobachte Schwäne auf dem Feldteich und bleibe respektvoll auf Abstand, als sich zwei Kraniche paaren. Querfeldein suche ich meine Route, hier sogar offiziell erlaubt, wenigstens im Empfehlungsschreiben vom NABU. Hirschen, Wildschweinen und Rehen begegne ich per Hufabdrücken. Letztere lassen sich aber auch ständig und in bisher nicht gekannten großen Rudeln (Sprüngen) beobachten. Entlang einer stillgelegten Bahnstrecke lauert ein Raubwürger auf Beute, vermutlich ein Wintergast. In meiner Selbstwahrnehmung wechsle ich von Lederstrumpf zu Peter Matthiesen[1], bin Pfadfinder, Ornithologe, Abenteurer, Erkunder, vor allem aber immer wieder der kleine Junge mit seinen Fantasien von fernen, wilden Landstrichen. Ja, so habe ich mir die Arbeit in Mecklenburg-Vorpommern vorgestellt.

---

[1] US-amerikanischer Schriftsteller, der sich durch lebendige und vielschichtige Natur- und Reiseschilderungen auszeichnet, die mittels Einfügungen von spirituellen Erfahrungen und philosophischen Fragestellungen eine besondere Tiefe erhalten. Werke u. a. „Auf der Spur des Schneeleoparden", München 1978, und „Der Baum der Schöpfung. Erlebnis Ostafrika", Wien–München–Zürich 1973.

Tags darauf durchstreife ich stille Bauernwäldchen, erfreue mich an Dachsspuren, höhlensuchenden Blaumeisen und an alten ehrwürdigen Baumgestalten. Still ist es hier, kaum gestört, fast nie begegnet mir ein Mensch. So öde mir vor wenigen Tagen die Dörfer noch erschienen, inzwischen lese ich auch ihren verborgenen Charme, ihren bukolischen Charakter, diese pure Ländlichkeit und Provinzialität. Oebelitz, Leplow, Dolgen, Drechow, Hugoldsdorf, Katzenow, so lauten die Namen dieser kleinen Trutzburgen gegen die so vieles überflutende Normierung durch Markt, Fördermittel und Bürokratie. Trotz intensiver landwirtschaftlicher Nutzung mit riesigen Ackerschlägen, viel Pestizideinsatz und Großmaschinen blieben bisher immer noch kleine Fluchtpunkte für Tiere, Pflanzen und naturverbundene Menschenseelen übrig. Das beginnt mit dem alten Gemäuer in den Dörfern, setzt sich in den vielen weidenumsäumten Feldteichen fort, um in den kaum berührten Bauernwäldchen einen Höhepunkt zu finden. Hier durchwate ich tiefe Erlenbrüche, springe über unbegradigte Bäche und verweile an versteckten Waldteichen.

An einem dieser Apriltage, die Sonne hat Ausgang und wärmt schon ein wenig, sonne ich mich lange auf einem umgestürzten Baumstamm. Anfangs döse ich einfach so vor mich hin, doch bald spüre ich, wie nah sich die Vögel an den stillen und unbeweglich liegenden Menschen heranwagen. Es wispern die Blaumeisen dicht bei meinem Ohr, kixt und trommelt ein Buntspecht nah und deutlich und in den Fichten fiepen leise und hell die Sommergoldhähnchen. In dieser halben Stunde fühle ich mich nicht wie so oft als Eindringling in die Welt der Tiere, sondern als Teil ihrer Welt.

Am selben Abend wird es noch richtig spannend. Schon vor der Dämmerung beginnen die Moorfrösche zu blubbern, die

Kälte hält sie nicht mehr von ihrer Balz ab. Während ich noch auf die Frösche höre, ertönt ein einmaliger trillernder Ruf, vermutlich von einer Sperbereule. Sie brütet zwar in der Tundra, doch schon Christoph Brehm, der Vater des berühmteren Schöpfers des „Thierlebens", berichtet von in Mecklenburg überwinternden Sperbereulen. Rund eine Stunde später, ich sitze auf dem Hochsitz und genieße die klare Mondnacht, gibt es Hexentanz vom nahen Weiher. Da schreit, stöhnt und kreischt es, dass einem angst und bange werden könnte. Nun, ich weiß, hier balzen die Schleiereulen und sie sind harmlose Mäusejäger, dabei kaum größer als ein Eichelhäher. Mehrfach schwillt das Geschrei an, um wieder abrupt zu verebben. Vermutlich rufen ein Weibchen und ein Männchen im Duett, suchen sich, bandeln an, markieren ihr Brutterritorium. Als Ansitz und Waldgang keine neuen Eindrücke mehr versprechen, mir aber noch nach etwas Herzklopfen ist, inspiziere ich auf meinem Heimweg den Eixener Kirch- und Friedhof mit der Hoffnung auf weitere Hinweise von Schleiereulen. Sie nisten im alten Gemäuer, gerne in Kirchtürmen. Kein Wunder, dass ängstliche und abergläubische Menschen an alles Mögliche denken, wenn vom Friedhof so ein Gekreische ertönt. Leider höre ich an diesem Abend nichts mehr.

Dafür macht am Folgeabend ein weiterer Mythenvogel auf sich aufmerksam. Wieder sitze ich auf dem Hochsitz, Mond und Sterne werden vom Nebel leider in Deckung gehalten. Einen Steinkauz hält dies nicht davon ab, seinen Balzruf zu kreischen und auffordernd „Kuwitt" zu rufen. Dieses Kuwitt brachte die kleine Eule in Verruf, ein Todesbote zu sein. Denn angeblich ertönte es immer, wenn Menschen schwer krank waren oder schon im Sterben lagen. Da wird es einen Zusammenhang geben, der aber ganz ohne Todesboten auskommt. In früheren Jahrhunderten waren die Zimmer von Schwerkranken und Sterbenden oft die einzigen beleuchteten Räume. Sie lockten Nachtfalter und andere Insekten an, die der

Lichtquelle folgten. Dies nutzten wiederum die Steinkäuze aus, die neben Mäusen auch gerne Insekten fangen. Und schon gerieten sie in Verdacht, mit Gevatter Tod in Verbindung zu stehen. Denn ihr Kuwitt wurde als *„Komm mit"* gedeutet. Inzwischen gilt die kleine Eule als Seltenheit, ihr fehlen alte Bäume mit Nisthöhlen, aber auch extensiv bewirtschaftete Wiesen und Äcker, auf denen sich ihre Beutetiere tummeln.

Für meinen Teil bin ich erst einmal sehr zufrieden, an zwei Abendgängen vier Eulenarten (den häufigen Waldkauz gab es auch noch) aufgespürt zu haben. Die Abende und Nächte in Wald und Feld oder am Gewässer empfinde ich immer als außerordentlich reizvoll. Da entsteht diese ganz besondere Stimmung: Das Prickeln, wenn nebenan ein Tier raschelt, die Verwunderung über die unheimlichen Silhouetten von Sträuchern und Bäumen, das Erschrecken, wenn plötzlich ein Reh laut und heiser bellt. Aufsteigende Nebel zeichnen mystische Schleier um eine am Tag klar und deutlich hervortretende Welt. Vor allem ist es die Stille, dieses gespürte Innehalten, das mit sanfter Hand und unwidersprochen durch die Geräusche von Wind und Tieren sein Zaubernetz auswirft. In der Dunkelheit verlieren die Tiere einen Teil ihrer Scheu, gewinnen jenes Stück an Sicherheit, das wir verlieren.

Unter diesen Voraussetzungen gelingen einprägsame Beobachtungen. An einem der ersten Abende folge ich dem Poltern auf dem Dach eines Schuppens. Bald schaut mich ein Steinmarder neugierig an, macht Männchen, kommt näher. Bis ihm die große Gestalt ungeheuer wird und er verschwindet. Ähnlich ein umherstreifender Dachs: Der hält nur wenige Meter vor mir inne und mustert mich aufmerksam. Nach einigen Sekunden, in denen er neugierig Witterung nimmt und ich ganz still bleibe, um diesen spannenden Moment auszukosten, scheint ihn das Entsetzen ob meiner Nähe zu packen und er nimmt schleunigst Reißaus. Flüchtig und überhaupt nicht angriffslustig erlebe ich auch die Wildschweine, die mir bei Tag und bei Nacht ab und an begegnen. Einmal rennt ein kräftiger Keiler nur wenige Meter entfernt erschreckt los, zwei- bis dreimal höre ich von anderen Exemplaren auch ein der Flucht vorausgehendes Schnauben. Nur als ich – allerdings bei Tage – aus einer Dickung ein unterdrücktes Grunzen vernehme, scheint es mir angemessen, einen Bogen darum zu machen. Vielleicht war das eine Bache bei dem Wurfkessel ihrer Frischlinge, und in diesem Fall greifen sie bei großer gefühlter Bedrohung auch Menschen an.

Mythen und Mysterien
von Tieren und Menschen

Inzwischen ist es Ende April, doch der Frühling bleibt weiterhin zurückhaltend. Aber immerhin, die ersten Rauchschwalben lassen sich blicken. Mönchsgrasmücke und Fitis stimmen zum Reviergesang an. So wird das Vogelkonzert langsam runder und voller. Die kleinen Bauernwäldchen beginnen einen bunter werdenden Teppich, verziert mit Buschwindröschen, Gelbstern, Lungen-, Milz- und Scharbockskraut, auszubreiten. Wenn es der Wind zulässt, flattern erste Weißlinge, Pfauenaugen, Hummeln und Honigbienen. Jetzt beginnt die Laichzeit der Erdkröten, die ich in diesen Tagen sehr häufig beobachte. Immer wieder freue ich mich über ihre hellen Balzrufe. Leider werden viele Tiere überfahren. Auto und Natur, das verträgt sich nicht gut.

Mit diesem Mehr an Beobachtungsmöglichkeiten beginne ich auch meinen Erkundungsrhythmus zu verändern. Nun geht es nicht mehr nur erst am Vormittag oder in den Abendstunden los, sondern immer öfter in der Frühe. Aus vogelkundlicher Sicht sind die Morgenstunden am interessantesten, denn da singen und rufen fast alle tagaktiven Arten regelmäßig und vorhersehbar. Das heißt, ich kann die jeweils balzenden Männchen immer wieder von denselben Singwarten hören. Und nur auf diese Weise gelingt eine Bestandseinschätzung. Das funktioniert in folgender Weise: Auf meiner Rad- und Fußroute durch die Hälfte des Gebiets höre ich zehn Gartenrotschwänze. Auf der Basis dieser Feststellung und im Wissen um die Lebensraumansprüche des Vogels kann ich bei abwägender Schätzung und unter Einbeziehung der potenziellen Brutstandorte für die andere Hälfte des Gebiets weitere fünfzehn Tiere annehmen. Selbstverständlich müssen solche Hochrechnungen verifiziert werden. Das geschieht am einfachsten bei der Begehung der zweiten Hälfte. Hinzu kommen weitere methodische Überlegungen. Dazu zählt die Erfahrung, dass Bestandsgrößen tendenziell gerne unterschätzt und auch kaum jemals alle Gartenrotschwänze festgestellt werden. Um beim Beispiel zu bleiben, der Gartenrotschwanz gelangte am Ende meiner Beobachtungsreihen im Eixener Gebiet in die Kategorie 21–50 Brutpaare. Gartenrotschwänze sind aber einfach festzustellen, sie singen im Wald und in Gärten schon eine Stunde vor Sonnenaufgang und weit in den Morgen hinein. Wie verhält es sich aber mit der Wasserralle? Sie besiedelt die Röhricht- und Verlandungszonen von großen und kleinen Seen und Teichen. Derer gibt es im Gebiet bestimmt zehn bis fünfzehn. Nun singt (besser kreischt) der Vogel jedoch fast ausschließlich abends und nachts. Ich möchte jedoch nicht an jedem Abend einen anderen Teich ins Visier nehmen. Dazu sind die Wege zu lang und der Aufwand wäre für eine einzelne Art zu groß. Aber am Eixener See kommen mindestens zwei reviermarkierende Männchen vor und insgesamt erlaubt eine konservative Schätzung für das gesamte Gebiet 4–7 Brutpaare.

Aus Gründen der Einfachheit und Praktikabilität gestattet der Methodenkatalog für das Brutvogelmonitoring, bereits die sichere Feststellung eines singenden Männchens als Brutnachweis anzugeben. Streng genommen wäre dies nur ein Brutverdacht. Aber echte Brutnachweise, also Beobachtungen von Nestbau, Füttern, Eiern und Jungvögeln, können innerhalb weniger Wochen in diesen großen Erkundungsgebieten und mit den vielen zu behandelnden Arten nur selten gegeben werden.

Manchmal gelingt dies dennoch. An einem Vormittag höre ich nicht weit von mir ein heiseres Krächzen. Ich assoziiere es sofort mit jungen Kolkraben. Gleich darauf quorren aufgeregt die Altvögel. In einer schmalstämmigen, aber hochgewachsenen Buche findet sich ein sehr großes Nest und nach einigem Suchen erkenne ich darin fünf Jungvögel. Die Alten scheinen eine interessante Aufgabenteilung vorgenommen zu haben. Ein Tier, das Männchen (?), patrouilliert im Umkreis von 200 Metern um das Nest und quorrt dabei ständig. Aufgeregt attackiert es einen Roten Milan, als dieser den Nestbereich überfliegt. Meine Anwesenheit scheint den Raben ebenfalls zu erregen. Wieder krächzen die Jungen aufgeregt, als ein zweites Alttier das Nest überfliegt. Doch übergibt dieses kein Futter, sondern landet einige Bäume weiter, um von dort verhalten zu quorren. Daraufhin geben die Jungen ihr Gekrächze auf und ducken sich im Nest. Neben diesen (wahrscheinlichen) Warnrufen gibt der angelandete Vogel noch ein ärgerliches Quorren in meine Richtung ab, verbunden mit einem mehrfach wiederholten Schnabelhacken gegen einen Ast. Ist Letzteres eine sogenannte Übersprunghandlung, also das Bemühen, den Ärger und die Unruhe über meine Anwesenheit mithilfe eines unbeteiligten Objekts abzureagieren? Bin ich gerade Zeuge einer komplexen Interaktion zwischen Alt- und Jungtieren, bei der gezielt und möglicherweise bewusst situationsgebundene Signale ausgetauscht werden?

Weil es falsch wäre, die Tiere weiter zu stören, verlasse ich den Nestbereich. Eine eindrucksvolle Beobachtung liegt hinter mir und als ich Wochen später im Buch „Die Seele der Raben" – Ralf schenkte es mir zum Abschied – von Bernd Heinrichs Rabenstudien in Neuengland lese[2], bestätigt dies meine Eindrücke vom vielschichtigen Verhaltensrepertoire dieser Vögel.

---

[2] Heinrich, B., „Die Seele der Raben", München, Wien, 1992.

In der germanischen Mythologie erschien der Rabe als ein Begleiter des Götteroberhauptes Wotan, für die Ureinwohner der amerikanischen Nordwestküste war er ein Totemtier. Es existieren viele Schilderungen von Trappern und Jägern, wonach Raben sie zu einem Wildbret führten. Als ich im vergangenen Frühjahr in den polnischen Beskiden auf Wolfssafari war, reichlicher Neuschnee aber alle Spuren zudeckte, rief unsere frustrierte Fährtenleserin Sabina den Kolkraben zu, sie sollen uns doch zu den Wölfen führen. So weit gingen die Vögel nicht, aber am Verhalten von Raben scheint es möglich zu sein, auf die Anwesenheit von Wölfen oder anderen (kadaverbringenden und -öffnenden) Großraubtieren zu schließen.

Schon die Nestoren der damaligen Tierpsychologie, Oskar Heinroth und Konrad Lorenz, betrachteten Kolkraben als besonders kluge und lernfähige Vögel. An dieser Einschätzung hat sich bei den modernen Verhaltensbiologen und -biologinnen wohl nichts geändert. Anders sieht es bei der Interpretation weiterer Aspekte des Verhaltens aus, besonders was dessen innerste Antriebe anbelangt. Gingen frühere Forscher/-innen davon aus, dass alle Aktivitäten von Lebewesen dazu dienten, die Art zu erhalten, so wird seit rund 30 Jahren mittels der soziobiologischen Theorie das egoistische Gen als die zentrale Instanz im Organismenkörper beschrieben. Laut Richard Dawkins, einem der schärfsten Verfechter dieser Position, sind Organismen nur Überbau für die Gene, nicht mehr als ein Vehikel, um deren Reproduktion zu ermöglichen[3]. Gesteuert von den Genen agieren demnach die Organismen ausschließlich eigennützig (utilitaristisch); ver-

---

[3] Nachzulesen in seinen Büchern „The selfish Gene", Oxford 1978 oder „Der blinde Uhrmacher", München 1987. Eine ausführliche Erwiderung seiner Schlüsse und Thesen liefert Steven Rose in dem Buch „Darwins gefährliche Erben. Biologie jenseits der egoistischen Gene", München 2000. Zum selbigen Titel existiert von mir eine Besprechung, sie erschien in der Zeitschrift „Das Argument", Ausg. 03/2003.

meintliche Uneigennützigkeit (Altruismus) diene letztendlich nur dazu, eigene (eigennützige) Interessen zu verfolgen. Aus diesem Grunde handle es sich bei sozial kooperierenden Tiergemeinschaften um Familienverbände, da innerhalb dieser auch Individuen, die sich nicht fortpflanzen, auf indirekte Weise ihr Erbgut weitergeben. Dies geschieht, weil Familienangehörige je nach Verwandtschaftsgrad einen entsprechenden Anteil identischer Gene gemeinsam in sich tragen[4].

Inzwischen existieren ungezählte Abhandlungen über egoistisches Verhalten bei Tieren, in denen jeweils die Evidenz der Soziobiologie betont wird. Nicht genug, nun werden auch uns Menschen unsere eigennützigen Antriebe als genetisch bedingt erklärt und wenn passend verteidigt. Wie üblich und aus der Historie bestens bekannt, macht diese Perspektive nicht mehr nur bei der Biologie halt, sondern findet in den Wirtschafts- und Gesellschaftswissenschaften viel Beifall. Soziale Gegensätze, sexuelle Ausrichtungen, Fremdenfeindlichkeit und vieles mehr werden unseren Genen und mithin unserem biologischen Erbe zugeschrieben. Nun wusste bereits Charles Darwin[5] Eigennutz als evolutionär bedeutsamen Antrieb einzuordnen, und ohne Zweifel war das Konzept der Arterhaltung irgendwann als Erklärungsmuster nicht mehr ausreichend. Organismen hingegen nur als Genmaschinen zu betrachten, zeugt meines Erachtens jedoch von einer reduktionistischen Denkwelt, die nicht fähig ist, unterschiedliche Komponenten der Systeme Körper und Umwelt in ihren wechselseitigen Bedingtheiten und Abhängigkeiten zu betrachten. Vielfach wird daher in den kritischen Sozialwissenschaften die Übertragung von Schlussfolgerungen aus der Beobachtung

---

[4] Zwischen Eltern, Kindern und Geschwistern beträgt die rechnerische Übereinstimmung 50 %, für die Großeltern liegt die Rate bei 25 %, usw.
[5] Darwin, C., „Die Entstehung der Arten", Stuttgart 1963.

tierischen Verhaltens auf die Menschen schlichtweg abgelehnt. Ganz so weit möchte ich nicht gehen, wenngleich ich mir bewusst bin, dass vermutlich schon vor Millionen Jahren die Vorläufer der heutigen Menschen[6] begannen, aus ihrer Naturbedingtheit herauszutreten. Wie die Menschen ihre äußere und innere Natur erleben und sich aneignen, ist jeweils abhängig von ihren kulturellen und gesellschaftlichen Prägungen. Deshalb werden Natur und Mensch immer durch ein „Zwischen" verbunden, aber auch getrennt bleiben.

Tiere, vor allem die uns biologisch sehr nahestehenden Säugetiere, zeigen reife kognitive Leistungen, ein hochkomplexes soziales Gefüge, Empfindungs- und mithin Leidensfähigkeit. Daher scheint mir, die Auseinandersetzung um die Soziobiologie sollte nicht entlang des Trennungsstrichs zwischen Menschen und Tieren (gibt es den überhaupt?), sondern gegen die vermeintliche Offensichtlichkeit der den Eigennutz determinierenden Gene geführt werden. Das beginnt bei der Auseinandersetzung über die Interpretationen von Beobachtungen. So lese ich in der ansonsten sehr kritischen „Frankfurter Rundschau" von Gazellenböcken, die angreifenden Raubtieren mit hohen Sprüngen waghalsig entgegenkommen. Tenor des Artikels war, Biologen vermuten hinter dieser riskanten Verhaltensäußerung, die Böcke würden auf diese Weise die Weibchen von ihrer Fitness und damit ihrer Fortpflanzungswürdigkeit überzeugen.

Ich habe die Gazellenböcke und die dazugehörige Situation nicht beobachtet und kann daher nur aus der Distanz argumentieren. Jedoch schätze ich einmal, dass Redakteurinnen

---

[6] Mit heutigen Menschen ist der in der Anthropologie sogenannte „moderne" Mensch (lat. Homo sapiens sapiens) gemeint, der vor rund 100 000 Jahren von Afrika ausgehend begann, die Erde zu besiedeln.

und Redakteure nur ausnahmsweise die Gegebenheiten der Feldforschung aus erster Hand kennen und daher ohne echte Prüfung die anderweitig erfolgten Veröffentlichungen von im Feld arbeitenden Biologinnen und Biologen abdrucken. Ich selbst kenne die Arbeit im Feld ein wenig und verstehe auch etwas von Gazellen und den sie jagenden Tieren. Aus diesem Grund würde es mich u. a. interessieren, wie oft die Böcke bei diesem Verhalten beobachtet wurden, wie nah sie Löwen, Geparden, Hyänen oder Wildhunden tatsächlich kamen und ob mittels veterinärmedizinischer Daten an eingefangenen Tieren die Einschätzungen zur Fitness verifiziert wurden. Könnten hinter diesem Verhalten nicht genauso Übermut, Leichtsinn, Tollkühnheit stecken; Attribute, die im Sinne der Reproduktion nicht günstig sind? Vergrößert ein Tier, das einem angreifenden Raubtier entgegengeht, tatsächlich sein Risiko, getötet zu werden oder verunsichert es nicht vielmehr den Fressfeind? Oder handelt es sich gar um altruistisches Verhalten, nämlich sich für die anderen preiszugeben? All das weiß ich nicht. Aber ich weiß, dass die soziobiologische Erklärung für das geschilderte Verhalten nur eine von mehreren Deutungen darstellt.

Laut Kant „sieht die Vernunft nur ein, was sie selbst nach ihrem Entwurfe hervorbringt"[7]. Für mich heißt das, wer als wissenschaftlich arbeitender Mensch eine Theorie verinnerlichte und sie gar verficht, interpretiert nahezu zwangsläufig das vermeintlich objektiv und wertfrei Wahrgenommene im Sinne des innewohnenden Deutungsmusters. Häufig ärgere ich mich maßlos, wenn vermeintliche Erkenntnisse aus der Biologie zur Rechtfertigung oder zumindest Erklärung von Unrecht und Ungleichheit herangezogen werden. Tatsächlich las ich schon bei Autoren, dass verhaltenskundliche Erkennt-

---

[7] Kant, I., „Kritik der reinen Vernunft", Köln 1995, 2. Band.

nisse die Freigabe von Ladenschlusszeiten, die Privatisierung öffentlicher Dienstleistungen oder die Einführung von Studiengebühren nahelegten. Hier geht es nicht mehr um Erkenntnisfindung, um Vermittlung, Diskurs und Debatte, sondern allein darum, die den eigenen Interessen zupass kommenden Ideologien in ein „wertfreies" wissenschaftliches Gewand zu hüllen.

Beobachtungen an Tieren sind so vielschichtig, verwirrend und verblüffend und dabei häufig nur zufällig gewonnen. Mit entsprechender Fantasie lässt sich für jede Gesinnung und Vorstellung etwas Geeignetes finden. Deshalb kann auch den Beobachtenden ein gerüttelt Maß an Bescheidenheit über ihre Erkenntnisse nur guttun. Denn wie ist das mit den Kolkraben? Es sind faszinierende Vögel, klug, anpassungsfähig, stimmbegabt und sie präsentieren ein beachtliches Verhaltensrepertoire. Doch um sie zu vermenschlichen, dafür sind sie zu schade.

Die Freuden und Nöte des Alltags

Jeden Tag bin ich nun zur Vogelbeobachtung unterwegs. Über die Freude an dieser Aufgabe finde ich sehr schnell in meine neue Alltagssituation hinein. Weder vermisse ich meine Hamburger Wohnung noch die vielen Einkaufs- und Ausgehmöglichkeiten der großen Stadt. Dass ich vor Ort weder über einen Internet- noch einen Telefonanschluss verfüge, stört mich kaum. Allerdings bin ich gelegentlich gezwungen, für die Absendung und den Empfang von E-Mails die Internetcafés in den größeren Ortschaften aufzusuchen. Bezüglich des Telefons genieße ich es, der heutzutage allseits geforderten ständigen Verfügbarkeit entgehen zu können. Gleichwohl habe ich vor meiner Abfahrt aus Hamburg mit Gisela vereinbart, dass sie regelmäßig meinen Briefkasten leert und wenn nötig wichtige Briefe nachschickt. So bleibe ich auf dem Laufenden, was wichtige Verbindlichkeiten anbelangt. Unsere persönliche Kontaktpflege über weite Entfernungen findet sowieso bevorzugt per Brief statt. Doch liegen Hamburg und der Landkreis Nordvorpommern nicht so weit auseinander, dass nicht gelegentliche Besuche möglich wären. Wie bereits geschildert, verbrachten wir die Ostertage gemeinsam bei meinen Eltern in Eisingen. Zwei Wochen später besucht mich Gisela in Nordvorpommern.

Es ist ein sonniger Samstagmorgen, als sie eine halbe Stunde früher als erwartet vor meiner Tür steht. Groß ist die Wiedersehensfreude und zur Begrüßung gibt es ein ausgiebiges Frühstück. Anschließend zeige ich ihr ganz stolz mein Kartiergebiet. Gisela ist von dessen Ausdehnung mächtig beeindruckt. Außerdem wird es dem Frühling nun doch endlich ernster und so gefallen ihr die bunten Waldblumenteppiche und die jetzt zu balzen beginnenden Grasmücken, Laubsänger, Braunkehlchen und Grauammern. Ein quäkender Mittelspecht und einige besetzte Storchennester stellen Höhepunkte unseres Ausflugs dar. Am Folgetag schlendern wir durch das biedermeierliche Tribsees, ein kleines Städtchen mit 3 500 Einwohnern. Das historische Ambiente der Ortschaft wird durch die aus Natursteinen erbaute St.-Thomas-Kirche veredelt, die besonders beim Blick aus Norden wie eine mächtige mittelalterliche Wehrburg über dem Städtchen thront.

Für Giselas Besuch hatte ich ein geschlachtetes Kaninchen besorgt. Obgleich mein erster Versuch, gelingt mir seine Zubereitung ganz hervorragend, und weil es so ein großes Tier ist, gibt es über die drei Besuchstage feinen Kaninchenbraten. Meine Vermieter halten Schweine, Kaninchen und Hühner. Mir gefällt es, in diesem bäuerlichen Umfeld zu wohnen, und oft schaue ich nach den Tieren. Leider mussten in jenem Monat die Hühner wegen der Vogelgrippe eingesperrt bleiben. Für ansonsten frei laufende Tiere stellt das sicher eine große Stresssituation dar. Zum Glück gibt es bei diesem Federvieh kein Federnausreißen, keine zertretenen Eier oder anderes über das übliche Maß hinausgehendes Ungemach unter den Tieren.

Seit der Monatsmitte zwitschern hier auch die Rauchschwalben und ich freue mich sehr über die eleganten Flieger. Weil sie ihre Nester vorrangig im Innern von Scheunen und Ställen anbringen, diese aber wegen zurückgehender Viehhaltung rarer werden, sinkt ihr Bestand in den meisten Regionen. Etwas besser scheint es da die weißbäuchige Schwester Mehlschwalbe zu erwischen. Sie brütet ebenfalls in selbst gebauten Lehmnestern, jedoch zumeist an den Außenfassaden, weshalb sie weniger unter Brutplatzmangel leidet. Ebenso akzeptiert sie Nisthilfen und mit dieser Unterstützung gelang es in der Hamburger Innenstadt, eine große Mehlschwalbenkolonie anzusiedeln. Die Dritte im Bunde, die Uferschwalbe, brütet in Höhlen, die sie entlang von Flüssen, Küsten oder auch in Kiesgruben in steil abfallende Hänge und Böschungen gräbt. Da solche Brutplätze von vornherein nicht überall vorhanden sind und mit den Flussregulierungen viele Steilufer verschwanden, kommt diese Schwalbe zwar grundsätzlich in ganz Europa, dabei aber nur punktuell vor. Rauch- und Mehlschwalben konnte ich in beiden Kartiergebieten oft und ausgiebig beobachten, beide Arten brüten in dieser ländlichen Region noch in großer Zahl. Eine Uferschwalbenkolonie entdeckte ich nur einmal im weiter entfernten Ostseebad Ahrenshoop, wo sie dessen bekannte Steilküste besiedelt.

Die Hühnerhaltung meiner Vermieter versorgt mich zuverlässig mit frischen Eiern, leider gibt zu dieser Jahreszeit der Garten noch nichts Essbares her.
Deshalb müssen alle Lebensmittel auf dem Rad herbeigeschafft werden und ich bin froh, dass in meiner Nähe noch ein kleiner Laden existiert. Hier kann ich mich mit allem Notwendigen versorgen, was deshalb erwähnenswert ist, weil die meisten Einkaufsmöglichkeiten in den Dörfern inzwischen den großen und zentral gelegenen Supermärkten und Discountern weichen mussten. Da gibt es dann kleine Preise und große Angebote, doch nur für diejenigen, die mobil sind. Also muss noch mehr Auto gefahren werden, und wenn dies nicht geht, wie bei Alter, Mittellosigkeit oder Behinderung, entsteht ganz schnell eine Abhängigkeitsfalle. Zwar gibt es auch fahrende Fleischer, Bäcker etc., aber die ersetzen keinen Dorfladen. Und ganz klammheimlich verschwindet ein weiterer Mosaikstein sozialer Infrastruktur. Kein Wunder, dass junge

Leute ihr Glück anderswo versuchen. Aber wer seine Heimat nicht verlassen möchte oder kann, muss erleben, wie diese leerer und einsamer wird.

Bereits in den vorbereitenden Telefongesprächen für den Aufenthalt in Nordvorpommern bat mich Ralf, noch ein weiteres Kartiergebiet zu bearbeiten. Ohne die Voraussetzungen für die Arbeit zu kennen, sagte ich zu, vielleicht auch, um gleich zu Anfang ein großes Engagement zu demonstrieren. Nachdem ich aber vor Ort den Umfang der Kartierung kennengelernt habe und auch weiß, dass erst Mitte Mai alle hier brütenden Zugvögel eingetroffen sein werden, bin ich über die voreilige Zusage nicht mehr glücklich. Ralf hat aber die Idee, mich in den ersten beiden Maiwochen im Westen der Stadt Barth einzusetzen, und mich anschließend noch einmal zwei bis drei Wochen im ersten Kartiergebiet auf Erkundung gehen zu lassen. Den Abschluss meines Aufenthalts soll dann eine zweite Etappe im Barther Westen von Anfang bis Mitte Juni darstellen. Obgleich dies mehrere Quartierwechsel mit sich bringen wird, verspricht es doch eine Menge Abwechslung, ebenso wie ausreichend Gelegenheit, in beiden Gebieten intensiv zu arbeiten. Ergo gehen wir am vorletzten Sonntag des Aprils gemeinsam auf Quartiersuche. Ralf meint anfangs, ich solle in Barth selbst wohnen, doch für mich stellt sich schnell heraus, dass von hier meine Anfahrtswege ins Erkundungsgebiet riesengroß sein würden. Außerdem kann es mir nach drei Wochen im Dörfchen nicht ländlich genug sein und Barth mit seinen rund 9 000 Einwohnern erscheint mir inzwischen schon als große Stadt. Im kleinen Fuhlendorf werden wir fündig und ich entscheide mich für ein zwar kleines, aber gemütliches und preisgünstiges Quartier.

Weiter stellt sich mir die Frage, ob ich beim zweiten Aufenthalt in der Region wieder dieselbe Wohnung beziehen soll.

Denn trotz des recht guten Verhältnisses zur Familie ärgere ich mich weiterhin oft genug über die kalte Heizung und bin des dauernden Nachfragens und Bittens müde geworden. Bereits einen Tag vor der Quartiersuche in Barth und Umgebung besichtige ich deshalb am Eixener See eine wunderschön gelegene und sehr geräumige Unterkunft auf einem Ferien- und Pferdehof. Zwar liegt der normale Mietsatz über unserer Preisklasse, da ich aber nahezu drei Wochen dort bleiben will, macht die Vermieterin ein erschwingliches Angebot. So gibt es nicht viel zu überlegen, zumal ich mich mit der Lage direkt am See schon innerhalb des Kartiergebiets befinde. Das wird meine Anfahrtswege erheblich verkürzen. Daneben bieten die mir nun zur Verfügung stehenden zwei Zimmer die Möglichkeit, auch größeren Besuch für ein paar Tage unterzubringen oder bei Bedarf eine weitere Wohnung anzumieten.

Mit diesen Ergebnissen bin ich an jenem Sonntag guter Dinge bezüglich der weiteren Arbeit, erhalte aber am selben Abend einen kleinen Dämpfer. Mitte Mai möchte ich noch einmal nach Eisingen fahren, denn dort habe ich schon seit Längerem eine naturkundliche Aktion mit der Volkshochschule vereinbart. Ralf zeigt sich davon nicht angetan, ihn stört vielleicht weniger meine Abwesenheit als der Umstand, dass ich so etwas nach seiner Einschätzung nicht ohne Antrag gegenüber der Arbeitsagentur unternehmen darf. Formal liegt er bestimmt richtig, doch sagt mir meine Einschätzung, dass die Arbeitsagentur, nachdem sie mir eine Freistellung von elf Wochen erteilt hat, sich nicht weiter dafür interessieren wird, was ich in dieser Zeit tue oder wo ich mich aufhalte. Vorausgesetzt es gibt keine Probleme, keinen Unfall oder andere Unwägbarkeiten. Weil Ralf als förmlich fungierender Projektleiter in so einem Fall Rechenschaft ablegen müsste, verstehe ich seine Bedenken. Dennoch glaube ich, auch dann gäbe es einen Weg, bei dem alle Beteiligten zufriedengestellt werden könnten. Eine unterschiedliche Einschätzung der Sachlage bleibt und führt zu einer minimalen Verstimmung, die in mir ein unschönes Gefühl von Abhängigkeit hinterlässt. Doch nach zwei Tagen mit Unlustgefühlen im Bauch habe ich den Volkshochschultermin und die Fahrt nach Eisingen um einen Monat verschoben. Und im Nachhinein verstehe ich selbst nicht mehr die Absicht, mitten in der besten Beobachtungszeit eine Kartierpause einzulegen.

Von Rohrdommeln, unermüdlichen Minnesängern und der richtigen Ordnung in der Natur

Vielleicht können unsere Sinne nur etwas wahrnehmen, was zuvor bereits bewusst oder unbewusst in unserer Vorstellungswelt gegenwärtig war. So verstehe ich jedenfalls den Philosophen Platon, der annahm, dass Wahrnehmung die Verbindung einer im Geiste (oder Herzen) des Betrachtenden vorhandenen Idee mit einem für die Sinne erfassbaren Objekt sei. Die Idee stehe am Anfang, forme eine Vorstellung und bemächtige sich mit dieser des Objekts, das erst in dieser Weise als Bild und Begrifflichkeit entsteht.

Eines Morgens, das erste Tagesgrauen hat eingesetzt und ich bin mit dem Rad zu einer neuen Erkundungstour unterwegs, höre ich unvermittelt einen dumpfen Ton. Er klingt gerade so, als würde Luft in eine leere Flasche geblasen. Im ersten Augenblick noch verwirrt, weiß ich gleich darauf, dass dieses Geräusch nur von einer Rohrdommel stammen kann. Diese Reiherart baut ihre Nester in ausgedehnten Schilfbeständen knapp über dem Boden, sie trägt ein braunes Gefieder mit schwarzer Streifung. Neben der ungewöhnlichen Stimme ist sie vor allem dadurch bekannt, dass sie sich als nahezu perfekte Tarnung bei Gefahr im Schilf ganz lang und schmal macht und dazu stocksteif steht. Dieses Tier hält sich also in den hiesigen Sumpfgebieten auf. Das erste Mal las ich seinen Namen in einem Walt-Disney-Jugendbuch, das den Titel „Im Tal der Biber" trägt. Schon damals fesselte mich die Beschreibung des heimlichen Vogels, ebenso wie die Erzählungen von Bibern, Fischottern,

Lachsen und Kojoten. Der dumpfe Ruf der Rohrdommel führt mich in meine Kinderzeit zurück. Dort formten sich die Ideen von Tieren und Landschaften und wie ich ihnen nachstellen und sie erkunden würde. Mit großer Freude und innerer Zufriedenheit erlebe ich heute, wie die Idee sich einlöst.

Die Rohrdommel ist nicht oft zu hören und noch weniger zu sehen. Meist ruft sie während der Abend- und Morgendämmerung, öfter auch in der Nacht. Leider hörte ich sie an der Stelle nur dieses eine Mal. Doch meine ich, einige Tage später einige Kilometer östlich davon ein weiteres Tier aus einem Sumpf zu vernehmen. Wer weiß, die vielen stillen Teiche und Schilfbestände in dieser Landschaft haben vielleicht Platz für mehrere Brutpaare. Als Ausrüstung für das Brutvogelmonitoring erhielt ich auch eine Vogelstimmen-CD, die zum Einsatz als Klangattrappe genutzt werden kann. Mithilfe des Abspielens von Balzgesang und/oder Lockrufen sollen schwer feststellbare Vögel zur eigenen Singaktivität angeregt werden. Weil ich aber weder ein handliches und transportables Abspielgerät noch ein Mikrofon mit mir habe, verzichte ich auf diese Methode. So bleiben mir die Rohrdommeln im Quadranten 1842/2 zum großen Teil verborgen, ebenso wie viele Eulen, Wasserrallen oder mancher Specht. Mit der Zeit und vielen Begehungen gewinne ich dennoch gute Einschätzungen.

Nachdem ich abends einmal wieder intensiv die Schleiereulen höre, suche ich tags darauf einen Landwirt auf, dessen Schuppen mir als ihre Heimstatt erscheint. Der Mann ist sehr entgegenkommend und weiß von den Eulen, hat sogar einen Nistkasten aufgestellt. Darunter finde ich eine Menge Gewölle und viele Kotspritzer, die mir aber alle älter vorkommen. Aktuell ist der Kasten nicht besetzt, dennoch scheint sein Standort als Ausgangspunkt für die Balzzeremonien genutzt zu werden. Ich nehme einige der Gewölle als Anschauungsobjekte mit, bedanke mich bei dem freundlichen Bauern und kündige mich für die nächsten Wochen ein weiteres Mal an.

Auf abendlichen und nächtlichen Exkursionen fesseln mich jetzt nicht nur die Rufe der Eulen, sondern auch die der Frösche und Kröten. Mit Laubfrosch, Moorfrosch und Erdkröte sind drei Arten intensiv zu hören. Obwohl es nachts noch sehr kalt wird, balzen bereits die Laubfrösche und ihr lautes und knarrendes „Ap-ap-ap" tönt aus vielen Feld- und Waldteichen. Was für eine Energie in solch einem kleinen Kerl steckt. Da wird gequakt, gebalzt, gekämpft, begattet und gelaicht und das unaufhörlich, von den frühen Abendstunden bis tief in die Nacht hinein. Aufgrund der Kälte zieht sich die Balz der Moorfrösche lange hin. Die meiste Zeit des Jahres tragen diese Tiere eine braune Färbung mit schwarzen Punkten, doch in der Balz kriegen die Männchen ein schönes und auffallendes blaues Kleid. Diese Verwandlung kann ganz schnell vor sich gehen, sie wird vermutlich von der Sonne und den mit ihr steigenden Umgebungs- und Körpertemperaturen ausgelöst. Im Duvenstedter Brook bei Hamburg erlebte ich einmal, wie sich innerhalb weniger Stunden braune Frösche zu blauen veränderten und dazu ihr helles „Blubb-blubb-blubb-blubb" anstimmten. Den außerhalb der Paarungszeit vom Moorfrosch nur schwer zu unterscheidenden Grasfrosch hörte ich in Nordvorpommern nie rufen, obwohl er hier günstige Lebensräume vorfände. Vielleicht ist die Konkurrenz durch die Moorfrösche zu stark. Eine dritte, nah verwandte Art stellt der Springfrosch dar. Wie der Name andeutet, besitzt er außergewöhnlich kräftige Sprungbeine. Sein Verbreitungsgebiet beschränkt sich auf wärmere Standorte vor allem im Süden Deutschlands, woher ich ihn kenne.

Reptilien konnte ich während meines Aufenthalts in Nordvorpommern nie beobachten, obwohl zumindest Kreuzotter, Ringelnatter und Waldeidechse hier mit Sicherheit leben. Wie wenige Arten sind dies aber gegenüber den Vorkommen in Südeuropa oder gar in den Tropen. Reptilien brauchen Sonne und Wärme, weshalb schon in der Mitte Deutschlands Schlingnatter, Zauneidechse und Blindschleiche (im Norden auf günstigen Standorten) das Artenspektrum erweitern. In den süddeutschen Trockengebieten und Wärmeinseln gibt es dann die Mauereidechse, vereinzelt die Smaragdeidechse und im äußersten Südwesten die Aspisviper. Weiter gen Süden wird die Arten- und Individuenzahl immer umfangreicher und besonders in Wüstenregionen scheinen Reptilien den Säugern ökologisch überlegen zu sein.

In diesen Wochen kreischt und quiekt es des Nachts kräftig und regelmäßig aus dem Schilf. Hinzu kommt ein Ruf-Stakkato, das sich ein klein wenig anhört, als käme ein Motor ins Stocken. So balzt die Wasserralle. Sie wird so groß wie ein Blesshuhn und ist mit diesem auch nahe verwandt. Wie die Rohrdommel lebt sie sehr versteckt und macht sich fast ausschließlich akustisch bemerkbar. Von Tag zu Tag wird es nun lebendiger, auch bunter und grüner. Erschien vor ein, zwei Wochen das Land noch grau und kahl, so beginnen Sträucher und Bäume jetzt auszutreiben, wachsen Gräser und Seggen, schieben die Schwertlilien ihre Blätter vorsichtig nach oben. Ende April höre ich aus dem Schilf die ersten Teichrohrsänger. Das Männchen der Rohrweihe scheint schon kräftig das brütende Weibchen zu versorgen, beim Abflug des Tieres ertönt jeweils ein gellendes Fiepen. Aus den Wiesen erklingt der melodische Gesang vieler Braunkehlchen. Heuschreckengleich singt der Rohrschwirl im Schilf, ein Verwandter der Rohrsänger. In den noch unbelaubten Waldbäumen schwirrt und flötet der Waldlaubsänger, treffend auch Schwirrvogel genannt.

Am Wegesrand entdecke ich einen stattlichen Käfer mit einem wie aufgedunsen wirkenden Hinterteil. Es handelt sich um das trächtige Weibchen des Ölkäfers, das auch unter dem volkstümlicheren Namen Maiwurm bekannt ist. Bald wird es einige hundert Eier im lockeren Erdreich ablegen. Die geschlüpften Larven krabbeln auf Blütenpflanzen, von wo sie die Weibchen verschiedener Wildbienenarten besteigen und sich in deren Bruthöhlen tragen lassen. Dort fressen sie das Bienenei, einschließlich der für die Ernährung der Bienenlarve angesammelten Nektarvorräte und durchleben zwei weitere Larvenstadien, bis im Frühjahr aus der bewegungslosen Puppe wieder ein Vollinsekt schlüpft. Bei Bedrohung gibt der ausgewachsene Käfer ein ölartiges Sekret ab, das abschreckend wirkt. Dieses Sekret wurde in früheren Zeiten als Mittel gegen den Biss tollwütiger Hunde angesehen und fand auch bei Blasenkrankheiten und als Aphrodisiakum Anwendung. Allerdings scheint es dabei häufiger zu Nierenentzündungen gekommen zu sein. Die auffälligen Weibchen begegnen mir in den kommenden Wochen noch häufiger.

Inzwischen befinden sich auch die Feldhasen auf Brautschau und gelegentlich begegnen mir Exemplare, die mich ganz toll vom Liebeseifer kaum wahrnehmen. Leider sah ich seit Jahrzehnten nicht mehr die großen Hasenversammlungen, wie ich sie aus meiner Kindheit kenne. Denn wenn die Minne ruft, treffen sich Rammler und Häsinnen zu richtigen Turnieren, wo die männlichen Tiere in Boxkämpfen ihre Kräfte messen und die Weibchen eine Auswahl treffen. Die moderne Landwirtschaft mit Giftduschen, Kreiselmähern und eintönigen Fruchtfolgen, ebenso wie der Straßenverkehr, setzten diesem Symbol für die Fruchtbarkeit mit seinen bis zu vier Jahreswürfen sehr zu. Neuerdings scheinen sich die Bestände aber wieder etwas zu erholen.

Viele Jäger vermuten hinter dem Bestandsrückgang auch Reinecke Fuchs, der sich in der veränderten Kulturlandschaft oft besser als seine Beute behaupten kann. Ich glaube aber, die Einflüsse von Räubern (Beutegreifern) auf die Bestandsgrößen werden vielfach überschätzt und treffe mich hier mit den Resultaten der wildbiologischen Forschung. Mich freut jede Begegnung mit einem der eleganten Rotröcke und dabei wünsche ich mir, die Jägerschaft würde sich etwas mehr für diese Forschungen interessieren. Dass allerdings auch Vogelschützer in speziellen Situationen auf Raubwildbekämpfung setzen, wird mir bei einer Exkursion mit Ralf am Bodden deutlich. Er schildert mir die Bemühungen zum Schutze von bodenbrütenden Wat- und Wasservögeln, wobei zumindest die kleinen landnahen Inseln mittels Fallen und Gewehr frei von Füchsen, Mardern, Wieseln und Iltissen gehalten werden. So geschehen auch im Nationalpark, wo im Idealfall menschliche Eingriffe in die Naturprozesse unterbleiben sollten. Da ist also wieder das Superraubtier Mensch, welches entscheidet, was geschützt und was gejagt wird. Wie sieht es aber mit anderen schützenswerten Arten wie Fischotter, Seeadler, Wanderfalke, Sumpfohreule etc. aus? Auch sie greifen Eier, Jung- und Altvögel und beeinflussen die Bestände. Vielleicht sind sie aber auch genau die richtige Konkurrenz für Füchse, Marder, Wiesel und Krähen. Wer weiß das schon?

Die Menschen haben in mehreren Tausend Jahren die von ihnen besiedelten Landschaften umgestaltet und mithin auch die Artenzusammensetzung verändert. Um überleben zu können, drängten sie Wald, Sumpf und Moor zurück, bekämpften Hirsche, Elche und Wisente als Konkurrenten und führten einen oftmals erbarmungslosen Feldzug gegen die großen Raubtiere. Wir werden den ursprünglichen Garten Eden nicht zurückgewinnen und auch der bestgemeinte Naturschutz kann nur in der Vermittlung zwischen vielfach konkurrierenden Nutzungsinteressen gelingen. So wird es weiterhin Konflikte um die richtige Hege und Pflege von Wildbeständen geben, ohne jemals die perfekte Antwort zu finden. Die Erfahrung lehrt jedoch, dass auch gut gemeinte Eingriffe in ökologische Wechselbeziehungen sehr häufig völlig unerwartete und unerwünschte Ergebnisse mit sich bringen. An die Jägerschaft gewendet, zitiere ich den Jäger Bruno Hespeler aus seinem sehr empfehlenswerten Buch „Raubwild heute": „Beutegreifer, um endlich zu diesem Terminus zu kommen, sind unverzichtbare Mitglieder unserer Landschaften. Wo immer sie fehlen oder zu schwach werden, treten andere regulierende Kräfte an ihre Stelle. So schießt mancher Jäger zwar eifrig Füchse und fängt Hermeline, um möglichst viele Hasen bis vor die eigene Flinte zu ‚retten', macht damit im Grunde aber nur den Weg frei für die Kokzidiose oder überträgt die Aufgaben der Greifer dem Straßenverkehr."[8]

In diesem Sinne freue ich mich über Feldhasen genau so wie über Füchse und Marder, bin ganz fasziniert, wenn in Watt oder Bodden ein Schwarm Alpenstrandläufer oder Brachvögel aufstiebt und finde es umso prickelnder, wenn Ursache für diese Flucht ein angreifender Habicht oder Wanderfalke war. Die Amsel frisst den Wurm, der Rohrsänger die Schilffliege, Seeschwalben tauchen nach Fischen, Hechte lassen es sich im Karpfenteich gut gehen. Wiesel, Krähen und Elstern suchen nach der Vogelbrut, am Himmel kreisen Bussarde und Weihen und krächzend findet der Allesfresser Kolkrabe Nester und Jungtiere. Wollen wir Menschen uns da anmaßen, in dieses komplexe Gefüge die richtige Ordnung hineinbringen zu können?

---

[8] Hespeler, B., „Raubwild heute: Biologie, Lebensweise, Jagd", Wien–München–Zürich, 1995.

Umzug an die Ostseeküste

Die vorläufig letzte Woche in diesem Kartiergebiet entschädigt mich ein klein wenig für die vielen kalten und nassen Tage, die ich bis dato zu ertragen hatte. Steigt das Thermometer wenigstens auf 15 bis 18 °C, dann ist das schon ein ganz anderes Unterwegssein. Inzwischen lädt die Sonne auch einmal dazu ein, an einem schönen Platz für längere Zeit Rast zu machen. Doch noch sind die Temperaturunterschiede zwischen Tag und Nacht sehr groß. Was aber auf der einen Seite die Kleiderwahl bei Morgen- und Abendexkursionen erschwert, schafft auf der anderen Seite eindrucksvolle Landschaftsbilder. Denn während des Nachts die Luftfeuchte sich auf dem kalten Boden niederschlägt, steigt sie bei anbrechender Dämmerung und mit einsetzender Erwärmung zögerlich, aber dennoch stetig als dichter Nebel auf.

Unter diesen Voraussetzungen erlebe ich den bisher schönsten Morgen. Während ich am Seeufer nach Jungfischen und balzenden Erdkröten Ausschau halte, meldet sich im Osten die Sonne als feuerroter Ball. Nach und nach beherrscht er den Horizont. Nebel verlässt in dicken, milchigen Schwaden die Seeoberfläche, den Schilfwald und die umliegenden Wiesen. Schwaden um Schwaden steigt auf, um sich in den höheren und wärmeren Luftschichten aufzulösen oder auf Sträuchern und Gräsern eine Zwischenstation einzulegen. Als die Sonne schon etwas höher steht und vom Feuerrot ins gemächlichere Gelb wechselt, blinken von überall her die Tautropfen.

Ich habe wenig geschlafen, war den Abend davor fast bis 24 Uhr auf dem Hochsitz und am See gewesen, um auf Eulen und Wasserrallen zu hören. Heute Morgen möchte ich ins Rottholz, einem Waldstück ganz im Osten meines Quadranten. Dieses hatte ich in den ersten Wochen ausgespart und mich auf andere Ziele konzentriert. Nachdem ich aber vor ein paar Tagen ein erstes Mal dort unterwegs war, beeindruckte mich sogleich seine Vielfältigkeit. Von der aufgehenden Sonne innerlich und äußerlich aufgewärmt, fahre ich entlang taufeuchter Wiesen und Felder Richtung Osten. Mit ihren rauen und trockenen Strophen machen die Dorngrasmücken auf sich aufmerksam. Ihr Name ist sehr passend ausgewählt, denn sie besiedeln bevorzugt die stacheltragenden Gehölze. Den Winter verbringen sie in den akazienbestandenen afrikanischen Savannen. Im verschlafenen Oebelitz klappert ein Storch auf seinem Nest. Sein Balzgeräusch ist mir noch im Ohr, als ich auf einem alleeartig von Bäumen gesäumten Feldweg das Rottholz erreiche. An einem geschützten Platz stelle ich mein Fahrrad ab und beginne zu Fuß das Waldgebiet zu erkunden.

Wo das Gelände tiefer liegt, sammelt sich das Wasser in Gräben und Senken, die von Weiden, Birken und Erlen gesäumt werden. Auf höheren Standorten wachsen Esche, Eiche und Vogelkirsche, ebenso wie Spitzahorn, Hain- und Rotbuche. Wie üblich wirkt der Wald kaum bewirtschaftet, also sehr naturnah. Im mittleren Waldteil sind allerdings Fichten und Lärchen in Reih und Glied angepflanzt. Hier verweile ich nur kurz, um auf Goldhähnchen, Hauben- und Tannenmeisen zu hören. Aber natürlich reizt mich der naturbelassene Abschnitt. Zunächst umgehe ich das Gelände, um in den höher positionierten Wald zu gelangen. Kaum bin ich zwischen den hohen alten Bäumen, höre ich auch bereits das klagende „Gäääkgäääk" des Mittelspechts. Ganz im Gegensatz zu seinem Vetter, dem Großen Buntspecht, meidet dieser Vogel die Siedlungsnähe und seine Brutgebiete bilden vor allem Auwälder, aber auch Streuobstwiesen. Hier baut er seine Höhlen in alten Eichen oder in Obstbäumen. Das Tier trommelt selten und fällt viel eher durch seinen Ruf auf.

Heute beobachte ich den Vogel an zwei weit auseinanderliegenden Plätzen. Möglicherweise handelt es sich also um zwei balzende Männchen. Wo Buchen und Fichten aneinandergrenzen, meine ich auch Schwarzspecht und Hohltaube zu hören. Diese Arten leben schon fast symbiotisch, da die Taube regelmäßig in verlassenen Schwarzspechthöhlen brütet. Mit einem weit reichenden, sich steigerndem „Hupu-hupu-hupu" markiert sie ihr Brutrevier. Zu meiner Überraschung gurrt an diesem Morgen auch eine Turteltaube. Bisher hatte ich sie in Norddeutschland weder gehört noch gesehen und sie im kühlen Nordvorpommern schon gar nicht erwartet. Auch die Turteltaube lebt vor allem in Auwäldern oder zumindest grundwassernahen Laubwäldern. Neben diesen Neuigkeiten gelingt mir heute Morgen noch eine sehr einprägsame Beobachtung von einem singenden Waldbaumläufer. Dazu präsentiert die Misteldrossel vom höchsten Wipfel ihre helle Flötenstrophe. Aus dem Sumpfwald trompeten Kraniche, vermutlich haben sie dort schon mit der Brut begonnen. Wohlig ruhend sonnt sich ein Fuchs auf einer Lichtung.

Mit diesen Eindrücken verabschiede ich mich fürs Erste aus diesem Kartiergebiet. Einen Tag nach dem Wochenendbesuch von Gisela holt mich Ralf zum Umzug nach Fuhlendorf ab. Wieder waren eine Menge Kartons zu packen, wenngleich Gisela einen kleinen, nicht benötigten Teil nach Hamburg mitnahm. Bevor wir die neue Unterkunft ansteuern, zeigt mir Ralf noch sein kleines Büro, das im Kulturhaus der Stadt Barth untergebracht ist. Viel Platz gibt es hier nicht und so verteilen sich auf dem Boden, auf Tisch und Stühlen Broschüren,

Flugblätter und andere Arbeitsunterlagen, die anderswo nicht untergebracht werden können. Als Datenträger, Schreibmaschine und Medium ins Internet nutzt Ralf ein Notebook. Des Weiteren befindet sich im Büro ein Kopierer, mit dem wir sogleich Vervielfältigungen von meiner alten und neuen Gebietskarte anfertigen. Denn ich habe nicht nur die Aufgabe, die festgestellten Vogelarten nebst Anzahl der Brutpaare in der Liste zu vermerken. Zusätzlich soll ich im Sinne der Nachvollziehbarkeit meine einzelnen Routen einschließlich punktgenauer Standortvermerke beim Nachweis von seltenen (oder selten zu beobachtenden) Arten aufzeichnen. Dazu benötige ich Kartenkopien als Zeichenvorlage und mittels verschiedenfarbiger Stifte kann ich die einzelnen Routen voneinander abgrenzen. Für den Quadranten 1842/2 versuchte ich das bereits, erzielte wegen ungenauen Zeichnens jedoch ein Routentohuwabohu. Hier muss ich also nacharbeiten. Hinzu kommen nun aber vier neue Quadranten. Ralf hatte ich bereits zugesagt, im zweiten Kartiergebiet eine größere Fläche zu behandeln. Vier Quadranten, das wären 120 km² und mithin eine Weg- und Beobachtungsstrecke, die per Rad und zu Fuß schwerlich ausreichend intensiv begangen werden kann. Ralf will aber einen Teil der Flächen selbst übernehmen. Außerdem reichen meine beiden nördlichen Quadranten in die Boddengewässer hinein, weshalb sie praktisch als Kartiergebiete entfallen. Denn um auf dem Wasser und entlang einiger kleiner Inseln zu arbeiten, fehlen uns Boote. Da aber die besagten Flächen bereits Teil des Nationalparks Vorpommersche Boddenlandschaft sind, hofft Ralf, von der Nationalparkverwaltung einige verwertbare Bestandsangaben zu erhalten.

Inzwischen konnten wir Frau Preuß, meine neue Vermieterin, telefonisch erreichen und ihr unsere Ankunft ankündigen. Das Dörfchen Fuhlendorf erstreckt sich entlang des Boddenufers, und aus diesem Grund wurde es für den Fremden-verkehr attraktiv. Daher wirkt hier alles etwas „aufgepeppter" als im Binnenland, wenn auch der ländliche Charakter grund-sätzlich bestehen blieb. Von der Vermieterfamilie werde ich sehr freundlich aufgenommen. Diese angenehme Atmosphä-re setzt sich während meines gesamten Aufenthalts fort. Die Wohnung ist zwar recht klein und besitzt nur eine einfache Küchenausstattung, mir wird es aber für die Dauer meines Bleibens genug sein. Außerdem verfüge ich über eine kleine Terrasse, die sich bei schönem Wetter als Ess- und Ruheplatz anbietet. Als wir das Auto ausgepackt haben, verabschiedet sich Ralf. Sogleich beginne ich, die Kartons auszuräumen und Kleider, Ausrüstungsgegenstände, Bücher, Lebensmittel etc. an ihren Plätzen unterzubringen.

Nach einer Kaffeepause setze ich mich aufs Rad, ich habe das Bedürfnis, die ersten Eindrücke in meinem neuen Kartierge-biet zu sammeln. Anlässlich der Wohnungssuche und auch jetzt auf der Fahrt von Barth fiel mir sogleich ein hoher Wald-anteil auf. Leider erschien er als in Reih und Glied gepflanz-ter Nadelwald. Davor war es mir etwas bang, mag ich doch diesen normierten Wirtschaftswald überhaupt nicht. Außer-dem würde es hier nicht so einfach möglich sein, ein Waldge-biet aufs Geratewohl zu durchqueren oder zu umrunden. Diese Flächenmaße verlangten eine sorgfältige Orientierung. Also will ich prüfen, ob die ersten Eindrücke sich bewahrheiten. Anfangs finde ich meine Einschätzungen bestätigt, doch schnell stelle ich fest, dass der Wald von vielen wassergefüll-ten Gräben durchzogen wird, entlang derer sich große Erlen-und Birkenbrüche, bereichert von Eschen und Eichen, aus-dehnen. Ebenso gibt es an trockenen, aber dennoch genü-gend tiefgründigen Standorten Spitzahorne und Rotbuchen, gelegentlich sogar besonders gehegte Rosskastanien. Kiefern, die auf rund 60 % der gesamten Waldfläche wachsen, stehen nicht nur wohlgeordnet, sondern auch mal kaum durchforstet und haben dann einigen Urwaldcharakter. Nicht weit von Fuhlendorf durchquere ich eine mit Kiefern und Wacholder bestandene Heide, sie ist als Naturschutzgebiet ausgewiesen. Und unmittelbar am südwestlichen Ortsrand erstreckt sich eine weiträumige, nur von Heckenzügen und Wassergräben unterbrochene Waldwiese, die eine Kulturlandschaft wie aus dem Bilderbuch abgibt. Das heißt, auf den zweiten Blick entpuppt sich mein Gebiet als durchaus attraktiv. Außerdem gibt es noch den Boddenrand, dessen Erkundung ich mir aber für einen späteren Termin aufheben möchte.

Zurück in Fuhlendorf besuche ich den Revierförster. Für meine Arbeit ist es nicht unwichtig, mit den Jagd- und Forstausübenden auf gutem Fuß zu stehen. Einmal werden dann leichter nützliche Tipps und Hinweise ausgetauscht, zum anderen können Begehungszeiten, Hochsitzbenutzung, Verlassen von Waldwegen usw. auf kurzem Wege abgesprochen werden. Ich finde viel Interesse und Aufgeschlossenheit, darf Hochsitze besteigen und bin jederzeit eingeladen, für Mitteilungen und präzise Hinweise im Forsthaus anzuklopfen. Leider finde ich nicht in allen Forstrevieren so viel Entgegenkommen.

Kirchen- und andere Geschichten

Nachdem ich gleich nach meiner Ankunft in Fuhlendorf einen ersten Erkundungsgang unternommen habe, bin ich am Morgen darauf erneut unterwegs. Noch ist es dunkel und kalt, dazu sternenklar. In der Ortschaft umflattert mich eine kleine Fledermaus. Da, wo ich gestern meine ersten Schritte setzte, möchte ich wieder hin, was gestern grob und oberflächlich blieb, nun intensiv begehen. Falls dann noch ausreichend Elan bleibt, besteht die Möglichkeit, ein weiteres Waldgebiet im Westen meiner Quadranten aufzusuchen.

Voraussehbar bin ich erst einmal im düsteren Nadelwald, dort ist nicht viel zu hören oder sehen. Dafür zwitschern bei der lichten Wacholderheide ein paar späte Erlenzeisige, sie werden wohl bald weiter nach Norden fliegen. Einige hundert Meter darauf erreiche ich ein „Durchfahrt verboten"-Schild vor einem Drahtzaun. Der erscheint aber schon arg mitgenommen und weil das dazugehörige Tor offen steht, fahre ich durch. Vielleicht handelt es sich hier um ein ehemaliges militärisches Sperrgebiet, jedoch finde ich keine Reste von Stellungen oder Bunkern. Aber natürlich verschafft das Verbotene ein klein wenig Herzklopfen und etwas mehr Anspannung und fördert so den Reiz der Unternehmung. Nun, es geschieht nichts Spektakuläres, nur Damwild flüchtet zweimal vor mir. Schwarzspecht, Hohl- und Turteltaube lassen von sich hören. Ich pirsche über Stock und Stein und entlang von Wassergräben. Schließlich erreiche ich die bereits vorgestellten Erlenbrüche. Dort ist es wild und urig, verborgen und unwegsam und zudem sehr von

Stechmücken bevölkert. Nach verschiedenen Abstechern in den wilden Teil des Waldes bin ich zurück auf dem Hauptweg.

Langsam bekommt die Sonne Kraft und mir wird warm, als ich durch die grünende Feldflur fahre. Stieglitze, Hänflinge und Grauammern begleiten mich mit ihren schlichten und dennoch melodischen Gesängen. Obwohl schon einige Stunden auf den Beinen, bleibe ich weiterhin unternehmungslustig. So nimmt es nicht wunder, dass ich noch zu dem Wald im Westen fahre. Das erste frische Grün der Buchen, Eichen und Ahorne empfängt mich. In den Gräben blühen die Sumpfdotterblumen und zwischen den Stämmen der Sauerklee. Ein Pirol flötet stimmungsvoll und der Trauerschnäpper macht auf sich aufmerksam. Wieder gehe ich entlang feuchter Gräben, auf fast jeden Schritt folgt ein lautes „Platsch" ins Wasser flüchtender Frösche. In einem Waldteich zeigt mir ein balzendes Teichmolchmännchen seinen leuchtend orangenen Bauch. Überall im Wald wühlten die Wildschweine ihre Spuren, und ein kleiner verborgener Hang lässt ahnen, dass auch Fuchs und Dachs genug Platz für ihre Erdbaue finden.

Gegen elf Uhr mache ich mich dann doch auf den Heimweg. Jacke und Pullover können endlich einmal in den Rucksack und ich bin das erste Mal nur im T-Shirt. Von meiner Unterkunft schlug ich heute einen weiten Bogen, fast einen Kreis, weshalb ich nun nicht mehr weit von Fuhlendorf bin. Hier wohne ich mitten im Kartiergebiet, was meine Wege erheblich abkürzt. Mir ist das sehr recht, bin ich doch nach den Touren immer auch hungrig und müde und kann dann gut auf lange Heimwege verzichten. Unterwegs nehme ich kaum etwas zu mir, neben Wasser aus der Feldflasche nur Äpfel. Am Morgen (oder mitten in der Nacht) gibt es ein kleines Frühstück, zwei bis drei Tassen Kaffee und ebenso viele Marmeladenbrote oder einen Teller Müsli. Bei der Rückkehr freue ich mich daher auf eine zweite Mahlzeit, die ich bei der augenblicklichen Witterung auf der Terrasse einnehme. Meist schlafe ich danach ein wenig, abends bereite ich mir öfter ein warmes Essen zu, das für mehrere Tage reicht, wie kräftige Eintöpfe oder schwäbische Linsen und Spätzle. Dazu gönne ich mir eine, manchmal auch zwei Flaschen Bier und bekomme davon die richtige Bettschwere. Obwohl in Fuhlendorf die Möglichkeit bestünde, in die Kneipe zu gehen, nutze ich diese nur, als mich Gisela besucht. Alleine reizt mich der Kneipengang nicht. Insgesamt fühle ich mich hier so ausgefüllt und zufrieden, dass mir kaum etwas fehlt. Unterhaltung gibt es mit Ralf, mit Familie Preuß, beim Förster und wenn Gisela oder anderer Besuch kommt.

Frau Preuß ist wie so viele Menschen in den ostdeutschen Bundesländern arg enttäuscht von all den Entwicklungen und Verläufen seit der Wende. Zwar klagt sie nicht über ihre eigene Situation, schildert mir hingegen sehr anschaulich, wie Menschen an ihren Arbeitsplätzen ausgenutzt und ausgebeutet werden. Auch gefällt ihr nicht, wie mehr und mehr staatliche Leistungen in private Hände gegeben werden. Bei mir rennt sie da offene Türen ein, erlebte ich doch als ehemaliger Postler die ersten Privatisierungsschritte beim „Gelben Riesen" und erinnere mich noch sehr gut, wie wir von der Gewerkschaft dagegen protestierten. Inzwischen geht es aber auch um Krankenhäuser, Pflegeheime und die Wasserversorgung. Angeblich soll sich für niemanden etwas verschlechtern und alles nur zur Entlastung der öffentlichen Kassen dienen. Wenn dieser Schuss mal nicht nach hinten losgeht. Jedenfalls spüre ich in den Gesprächen mit meiner Vermieterin, wie sensibel die Menschen hier diese vielen Veränderungen registrieren und sehr wohl begreifen, zu wessen Lasten sie gehen.

Weil es mich bei diesem schönen Frühlingswetter nicht zu Hause hält, mache ich mich am späten Nachmittag zu Fuß in Richtung Bodden auf. Der Marsch wird länger als geplant, und leider nur auf große Distanz entdecke ich auf einer Wattfläche verschiedene Limikolen (Wat- und Strandvögel), darunter Stelzenläufer, Rotschenkel und Alpenstrandläufer. Auf dem Wasser gründeln Schnatter- und Krickenten.

Mit so viel Naturerlebnis im Gepäck wird es inzwischen aber Zeit, einen Abstecher in das nahe Barth zu unternehmen. Das kleine, direkt am Bodden gelegene Städtchen kenne ich bereits von einem drei Jahre zurückliegenden Ausflug mit Gisela. Damals nutzten wir die dortige Jugendherberge als Ausgangspunkt, um den herbstlichen Kranichzug zu verfolgen. Dafür war in den späten Oktobertagen eigentlich eine ideale Zeit, doch leider hatten die Vögel ein durchziehendes Schlechtwettergebiet nicht mehr abwarten wollen und waren schon auf und davon nach Süden. Uns entschädigten aber die riesigen Ansammlungen rastender Wildgänse, dazu Singschwäne, Gänsesäger und ein Fuchs, der wie Smirre bei Nils Holgersson vergeblich nach den Gänsen pirschte. Von der Stadt selbst war mir vor allem in Erinnerung, wie wir samstagabends noch ein Glas Wein trinken wollten, bis auf eine Dönerbude jedoch keine offene Gaststätte fanden.

Aber heute, an einem wunderschönen Tag im Mai, wo die Sonne und die laue Luft die Menschen auf die Straßen lockt, wirkt alles ganz anders. Da wird flaniert, geschaut, bestaunt, geredet, gestikuliert, gelacht, begegnen sich Jung und Alt beim Bummel durch die Stadt. Richtig lebendig ist das, optimistisch und erwartungsvoll. Eine mir neue Stimmung in Vorpommern. Obwohl die Stadt schon beinahe zu Nordeuropa zählt, zeigt sie sich fast mit südländisch anmutendem Flair. Dafür sorgt der weite Blick auf den Bodden, wo die Sonnenstrahlen sich auf der Wasseroberfläche brechen und den Fischkuttern und Segelbooten heitere Farben verleihen.

Die Gassen, Häuser, Straßen und Winkel präsentieren Biedermeier, Carl Spitzweg in natura. Mag sein, meine Euphorie wird ein wenig durch die nun schon lange anhaltende Stadtabstinenz gefördert, bin ich doch sonst buchstäblich da, wo sich Fuchs und Hase Gute Nacht sagen. Jedenfalls macht es mir heute einen Heidenspaß, mich in Läden umzuschauen, Schaufenster zu studieren oder einfach mit der Zeitung in der Hand an der Uferpromenade zu sitzen und Kaffee und Kuchen zu genießen. Vorher besuche ich einen Frisör und erweitere mittels einiger Textilienkäufe meine allwettertaugliche Garderobe.

Wie in Eixen und Tribsees beeindruckt mich die wuchtige Backsteinkirche. Leider kann sie nicht betreten werden, doch lese ich auf einer Tafel vor dem Außenportal ein wenig zu ihrer Geschichte. Mit ihrem Bau wurde erst im 14. Jahrhundert begonnen. Spät erscheint mir das, denn die Christianisierung Mitteleuropas begann am Rhein um 700 n. Chr. Auch die ersten Klosterbauten können auf das 9. und 10. Jahrhundert datiert werden. Doch die Christianisierung, von Westen und Süden Mitteleuropa erreichend, beschränkte sich über drei Jahrhunderte auf die stärker besiedelten und leichter zu erreichenden Regionen. Das Land östlich der Elbe war zu jener Zeit von Slawen bewohnt. Endungen in den Ortsnamen auf die Silbe -ow, die bis ins Wendland gegenwärtig sind, zeugen heute noch davon. Um 1190 vermachte aber der Stauferkaiser Friedrich Barbarossa dem Sachsenherzog Heinrich dem Löwen Mecklenburg, verbunden mit dem Auftrag, das Land endlich deutsch und christlich zu machen. Bereits zweihundert Jahre vorher war damit begonnen worden, die Slawen zu vertreiben und das Evangelium zu verbreiten. Die Erfolge blieben jedoch eher bescheiden, wenngleich es mit geschickter Diplomatie, aber auch Waffengewalt gelang, die ein oder andere Provinz rechtgläubig zu machen. Als der Zisterzienserabt Bernhard von Clairveux zum Kreuzzug gegen die Heiden aufrief[9], missionierten die kaum zweihundert Jahre zuvor bekehrten Sachsen statt im Orient in Mecklenburg. Hierbei tat sich besagter Heinrich der Löwe als Anführer hervor. Mithilfe dänischer Fürsten und Kreuzritter gelang schließlich das Missionswerk. Im Grunde handelte es sich hierbei um nichts anderes als eine Kolonisierung aus wirtschaftlichen und machtpolitischen Absichten. Denn obwohl zwischen Rhein und Elbe um 1100 nur rund acht Millionen Menschen lebten, wurde das bebau- und beweidbare Land knapp. Mit den damals angewandten landwirtschaftlichen Arbeitsweisen, basierend auf einfachen Pflügen, Mahd mit der Sichel, Vorspann von Ochsen und Pferden und nur ersten Erprobungen der Dreifelderwirtschaft, brauchte man große Flächen, um eine bäuerliche Großfamilie satt zu bekommen. Auch die Fürsten standen vor dem Dilemma, dass die Pfründe, also die Besitztümer westlich der Elbe, schon ziemlich aufgeteilt waren. Neue Erwerbungen konnten also am einfachsten über die Erschließung neuer Landstriche ermöglicht werden. Wie segensreich war da der christliche Glaube, mit dessen Verkündungswerk die armen Heiden in die Lage versetzt wurden, im Himmelreich anzuklopfen. Dass viele Tausend dabei ganz schnell klopfen durften, weil die Usurpatoren im Zweifelsfall rüde Gewalt einsetzten, störte auf der Gewinnerseite vermutlich weniger.

---

[9] Weil gerade wieder viel von Kreuzzügen und heiligen Kriegen auf vielerlei Seiten gesprochen wird, zur Anschauung zwei Zitate des Bernhard von Clairveux (1090–1153). „Wenn sich dein Vater auf die Schwelle legte, tritt deine Mutter mit Füßen und folge trockenen Auges dem Kreuzesbanner nach. Hier für Christus grausam sein ist die höchste Stufe der Seligkeit." Oder, noch deutlicher: „Ein Ritter Christi tötet mit gutem Gewissen; noch ruhiger stirbt er. Wenn er stirbt, nützt er sich selbst, wenn er tötet, nützt er Christus." (aus Wikipedia – Bernhard von Clairveux)

Jedenfalls wurde das Land östlich der Elbe bis in die Gebiete der Pruzzen an Oder und Weichsel im Lauf von zwei bis drei Jahrhunderten urbar gemacht. Einen wichtigen Beitrag hierzu leisteten die Zisterziensermönche, deren Wirkungsbereich über den eigentlichen Kirchen- und Klosterbetrieb hinausging, da sie die für ihre Existenz notwendigen landwirtschaftlichen Erzeugnisse im Eigenanbau herstellten. Das bedeutendste Zeugnis ihres Wirkens stellt aber die sogenannte Backsteingotik dar, wie sie mir in Barth und den anderen geschilderten Orten so eindrucksvoll begegnet.

Wie hätten eigentlich vor rund 1000 Jahren die Menschen reagiert, wäre ihnen gesagt worden, dass einmal die zehnfache Bevölkerungszahl in ihren Territorien existieren könnte? Vermutlich wäre das als Fantasterei abgetan worden. Bei aller mir eigenen Skepsis über die Zukunft der Menschen und der Biosphäre auf der Erde, vielleicht wird in noch einmal 1000 Jahren auf eine Weise gelebt, wie wir das jetzt nicht glauben können. Doch auch die damalige Aneignung von Natur mit (für heutige Verhältnisse) schonenden Methoden bestand aus Waldrodung, Moorkultivierung oder ersten Flussregulierungen. Wisent und Auerochse verloren große Teile ihres west- und mitteleuropäischen Lebensraums, der Auerochse, die Stammform des europäischen Hausrindes, gilt seit 1627 als ausgestorben. Auf der anderen Seite erbrachten Rodung und Kultivierung aber auch Platz und Nischen für Pflanzen und Tiere des Offenlandes, vor allem der südosteuropäischen Steppengebiete. So werden all die Wiesengräser und Wiesenblumen, viele Schmetterlings-, Bienen- und Heuschreckenarten sowie Feldhase, Rebhuhn und Wachtel erst im Gefolge dieser Kultivierungen nach Mitteleuropa vorgedrungen sein.

Der Anstieg der Menschenbevölkerung seit dem frühen Mittelalter verlief übrigens alles andere als kontinuierlich. Dreimal, bei den Pestepidemien des 14. und 15. Jahrhunderts und infolge der Verheerungen während des Dreißigjährigen Krieges, kam auf dem Gebiet des damaligen Deutschen Reiches[10] die Hälfte der Bevölkerung zu Tode. Erst um die Mitte des 18. Jahrhunderts erreichte die Bevölkerungszahl wieder ein Niveau wie zu Beginn des 14. Jahrhunderts, um im Zuge der dann von England ausgehenden industriellen Revolution rapide anzuwachsen. Dieses Wachstum erreichte im letzten Jahrhundert die gesamte Welt. Die damit einhergehende Verdrängung und Ausrottung von Pflanzen und Tieren, Zerstörung von Lebensräumen und die Ausbeutung natürlicher Ressourcen war noch nie so stark wie gerade jetzt. Die Suche nach Rohstoffen macht weder vor den Polen noch dem Meeresboden halt. Es stiegen aber nicht nur die absoluten Bevölkerungszahlen, sondern es wuchs auch der Pro-Kopf-Ressourcenverbrauch exponentiell an. Hier existiert allerdings eine erhebliche Schräglage, denn die Menschen der reichen Industrieländer beanspruchen ¾ aller auf der Erde erzeugten Güter für ihren Überfluss[11]. Wenn mahnend auf die Zusammenhänge zwischen Bevölkerungswachstum oder gar -explosion, Armut und Umweltzerstörung hingewiesen wird, darf nicht verschwiegen werden, welche Ursächlichkeit der Lebensstil in der (materiell) reichen Welt für diese Probleme einnimmt.

Jetzt könnte es mir fast noch gefallen, vor diesem Szenario und im Rückblick auf historische Kolonisierungen und Missionierungen einen Bogen zu den aktuellen Auseinandersetzungen um Religion, um Jesus, Allah, Jahwe, Buddha oder

---

[10] Um der Korrektheit willen: Das Staatsgebilde hieß „Heiliges Römisches Reich deutscher Nation".

[11] Wobei dieser Überfluss auch in den „reichen" Ländern sehr ungleich verteilt ist, weshalb die Verteilung von Armut und Reichtum überall eine zentrale Streitfrage darstellt.

Shiva zu schlagen. Doch wird es besser sein, diese Büchse der Pandora geschlossen zu halten, zumal sich hier Kompetenz (und Inkompetenz) schon zuhauf auslassen. Lieber radle ich nach diesem schönen Tag im zu geschichtlichen Exkursen inspirierenden Barth die acht Kilometer nach Fuhlendorf zurück, voll guter Stimmung und mit viel Motivation für die nächsten Unternehmungen.

Wechselnde Perspektiven

Worum handelt es sich eigentlich bei dem nun schön öfter genannten Bodden? Am Ursprung standen die Eiszeiten. Erst schoben die Gletscher Gesteinsmassen vor sich her, schliffen die Oberfläche glatt und hinterließen zu ihrer Leeseite die Endmoränen. Im Verlauf dieser Prozesse entstanden aber auch Senken, Mulden und Fjorde, die sich nacheiszeitlich mit Schmelz- und Regenwasser füllten oder vom nun wieder ansteigenden Meeresspiegel überflutet wurden. So geschah es auch mit der flachen Mulde, die heute Ostsee genannt wird. Ihre maximale Tiefe beträgt 52 Meter, und nur über die Meerenge zwischen Skagerrak und Kattegat besitzt sie einen Zugang zum offenen Meer. Dieser nur schmale Austausch mit der Nordsee bewirkt das fast vollständige Wegfallen der Gezeiten und einen nur schwachen Salzgehalt, der von West nach Ost zusätzlich sinkt. Die damit einhergehende geringe Wasserbewegung hinterlässt vor allem in den östlichen Meeresgebieten und in den tieferen Wasserschichten einen für die meisten Organismen gefährlichen Sauerstoffmangel. Nur kräftige Stürme mit heftigen Wellenbewegungen, bei denen die Wasserschichten aufgewirbelt und durchmischt werden und dabei Sauerstoff binden, verhindern, dass die Ostsee biologisch verödet. Dennoch leben in ihr rund ein Drittel weniger Fischarten als in der Nordsee.

Entlang der südlichen Ostseeküste, beginnend mit Mecklenburg und endend im Baltikum, reihen sich zahlreiche Lagunen. Obwohl diese über schmale Durchgänge noch eine Verbindung zur See behielten, werden sie zu weiten Teilen von Land umgeben. Als fast dialektisches Phänomen stellen sie einerseits innerhalb der Ostsee kleine eigene Welten dar, bilden andererseits aber die geografische Position der Ostsee gegenüber den Weltmeeren ab. Der Name dieser Lagunen an der Küste von Mecklenburg-Vorpommern lautet Bodden. Ihre Tiefe beträgt nur ein bis zwei Meter, und der sowieso schon niedrige Salzgehalt wird durch den unmittelbaren Einfluss süßwassertransportierender Flüsse noch einmal vermindert. Über die Flüsse gelangen auch viele Nährstoffe in die Bodden. Das fördert Leben, kann es aber ebenso gefährden, wenn infolge von Fäulnisvorgängen der Sauerstoff knapp wird. Unter diesen Vorzeichen bildete sich innerhalb der Bodden eine eigene ökologische Welt heraus. Wird die Nordseeküste von der Abfolge der Gezeiten geprägt, die in West-, Ost- und Nordfriesland das lebensvolle Watt schufen, so bilden die stillen, windgeschützten Lagunen das Charakteristikum der südlichen Ostseeküste.

Wo das Land feuchte Füße kriegt, konnte sich Schilf ausbreiten und mit ihm die darauf spezialisierte Fauna. Unter Wasser wird das Schilf vom Seegras abgelöst, das als Lebens-, Schutz- und Fressraum für Krebse, Muscheln und Jungfische fungiert und mit seinen Wurzeln den Boden festigt. Im brackigen Wasser leben nur wenige Meeresfische, darunter Hering, Dorsch und Seenadel. Dafür findet sich hier der Grenzgänger Aal zurecht, ebenso wie die Süßwasserarten Hecht und Zander. Das ruft die großen und kleinen Fischfresser unter den Warmblütern auf den Plan, seien es Kegelrobbe, Seehund und Fischotter oder See- und Fischadler, Kormorane, Gänsesäger, Graureiher, Möwen und Seeschwalben. Wo Wind und Sonne kleine Wattflächen schaffen, suchen die Limikolen nach Schnecken, Muscheln, Würmern und Krebsen. Nicht zuletzt tummeln sich auf dem Wasser die tauchenden und gründelnden Entenarten, ebenso wie Schwäne und Gänse.

Weil also die Bodden etwas ganz Besonderes darstellen und ihnen neben ihren naturkundlichen Besonderheiten ein hoher landschaftsästhetischer Wert innewohnt, wurde das Küstengebiet zwischen Ahrenshoop und Rügen neben anderen ausgewählten Regionen von der letzten DDR-Volkskammer zum Nationalpark erklärt. Das war ein wegweisender Schritt, mit dem die Naturschutzaktivisten der DDR einige ihrer besonders erhaltenswerten Landschaften noch rechtzeitig vor der Wende – mit den dann zu erwartenden Begehrlichkeiten auf gewinnabwerfendes Land – unter besonderen Schutz stellten. Nationalparks sollen laut internationalen Statuten große zusammenhängende Naturräume beherbergen, die nicht oder nur sehr wenig durch menschliches Tun beeinflusst wurden. Anders als bei den großen Vorbildern in Nordamerika oder Ostafrika lassen sich diese Prinzipien in den meisten Regionen Europas nicht anwenden. Denn hier wurde in den letzten Jahrtausenden intensiv in das natürliche Landschaftsbild eingegriffen und die Tier- und Pflanzenwelt verändert. Sich über diesen Sachverhalt im Klaren, setzen es sich die deutschen Nationalparks zum Ziel, innerhalb einer Entwicklungsphase von mehreren Jahrzehnten mittels bewusst gestalteter oder von Naturzyklen bestimmter Prozesse ein sich selbst steuerndes Ökosystem heranwachsen zu lassen. Idealerweise soll darin dann nicht mehr regulierend eingegriffen werden.

Bei aller Sympathie für diese Idee, die ich als Mitarbeiter im Nationalpark Sächsische Schweiz engagiert verfocht, bin ich dennoch manchmal skeptisch, ob sie in Mitteleuropa einen Königsweg des Naturschutzes darstellt. Wo die Menschen so lange das Land gestalteten, wird der Nationalpark zu einer ahistorischen Enklave, unterlegt von einer Philosophie, die Mensch und Natur von vornherein als Gegeneinander denkt. Aber die Menschen sind und bleiben ein Teil des Naturstoffwechsels, an diesen gebunden und ihm ausgeliefert. In diesem Sinne verstehe ich die uns umgebende (ebenso wie die in uns wohnende) Natur als fortwährende Basis unseres Daseins, unseres Fühlens, Denkens und Handelns. Dazu brauchen wir Aufenthalte in der freien Landschaft, Begegnungen mit Tieren und Pflanzen, das Erlebnis der Jahreszeiten, den Blick für das Schöne, ebenso wie den Respekt und die Achtung vor dem Unangenehmen, Mühevollen und Gefährlichen. Nationalparks setzen es sich zwar zur Aufgabe, den Menschen die geschützten Räume nahezubringen und erleben zu lassen, doch bleibt diese Absicht, zumindest bei den im internationalen Vergleich kleinen Parks in Deutschland, zwangsläufig auf halbem Wege stehen. Für Besucher werden Wanderwege, Paddelrouten, Beobachtungsplätze und Picknickmöglichkeiten ausgewiesen, jedoch nur, soweit diese nicht in Konflikt mit den Naturschutzzielen geraten.

Unter diesen Voraussetzungen stellt der Nationalpark eine attraktive Kulisse für Wochenend- und Ferienfahrten dar, wo Natur besichtigt und bestaunt, aber nicht als elementarer Bestandteil der eigenen Lebenswelt erfahren wird. Eingedenk dieser Vorbehalte erscheinen mir die Biosphärenreservate, in denen die Verknüpfung traditioneller und naturverträglicher Landnutzung mit dem Schutz wertvoller Landschaften die Zielvorgaben bilden, der historischen Entwicklung der Mensch-Natur-Beziehungen gegenüber angemessener. Ein Biosphärenreservat schließt Siedlungen, Verkehrswege, Arbeitsstätten, Nutzungen von Wald, Feld und Gewässern ebenso ein wie strengstens geschützte Gebiete. Hier werden die Menschen integriert, ohne das Ziel des Naturerhalts aus den Augen zu verlieren. Eine Gewissheit bleibt mir aber bei beiden Schutzgebietstypen: In ihnen existiert als oberste Zielrichtung der Erhalt der Natur, und von den Menschen ausgehende groß angelegte Veränderungen müssen unterbleiben.

Ein kleines Stück des Nationalparks Vorpommersche Bodden-landschaft befindet sich innerhalb meiner Quadranten, und weil an den Wochenenden im Wald ein stärkerer Jagdbetrieb erwartet werden muss, bin ich samstags und sonntags in der Frühe am Bodden. Wenn ich dort ankomme, beginnt gerade die Dämmerung, und über Wasser und Küstenstreifen liegt dichter Bodennebel. Mir bringt der nasse Füße, denn weder die Gummistiefel noch die Wanderschuhe halten die Feuch-tigkeit ganz draußen. Ebenso ist es frühmorgens an der Küste noch sehr frisch, und während meiner Begehungen bläst jeweils ein kalter Ostwind. Der setzt nicht nur mir zu, auch die Teichrohrsänger, die aus den Schilfwäldern jetzt dauernd zu hören sein müssten, bleiben zurückhaltend. Ab und an macht die schwerfällige Rohrammer mit ihrer stereotypen Liedfolge auf sich aufmerksam. Rohr- und Feldschwirl, Erste-rer schon vorgestellt, verwirren mich mit ihren sehr ähnli-chen Schnurrstrophen. Zwar lebt, wie die Namen sagen, ei-ner eher im Schilf, der andere in Feld und Wiese, doch singen in natura Exemplare beider Arten häufig ganz dicht nebenei-nander. Limikolen und Enten, die sich bereits ein größeres Stück wasserseitig befinden, lassen sich für mich aufgrund der großen Entfernungen nur schwer bestimmen. Hier bräuch-te ich ein lang reichendes Spektiv, allein das Fernglas hilft mir nicht weiter. Ralf wird mir an dieser Stelle in den nächsten Tagen unter die Arme greifen.

Die augenblickliche Hochdruckwetterlage bildet die Voraus-setzung für eindrucksvolle Sonnenaufgänge über dem Meer. Erst züngeln nur feuerrote Flammen über den vom Wind bewegten Wellen, doch bald kommt der gigantische Glutball tiefrot empor. Als wolle er seinen Platz behaupten, umhüllt wieder und wieder der Nebel die Feuerkugel. Aber es ist Mai und die Kraft der Sonne pariert die Nebelschleier souverän. Wenn nach dieser intensiven Stunde zwischen Dämmerung und Sonnenaufgang die hellen Strahlen alles ausleuchten und die Temperaturen ansteigen, empfinde ich jeweils eine tiefe Befriedigung darüber, mich von nachtschlafender Zeit und Morgenkälte nicht vom Erkundungsgang abgehalten lassen zu haben.

Mit der Sonne werden auch Kormorane, Reiher, Möwen und Seeschwalben munter. Letztere bewundere ich bei ihren eleganten Flug- und Jagdmanövern ganz besonders. Auf- und abschießend, mal mit flinken und kräftigen Flügelschlägen, dann wieder gleitend, durcheilen sie den Luftraum. Häufig verhalten sie rüttelnd über der Wasseroberfläche, um sich gleich darauf pfeilschnell in das Wasser zu stürzen. Vornehmlich kleinere Fische fallen ihnen zur Beute. Einmal beobachte ich ein Paar Küstenseeschwalben beim perfekten Synchronsegelflug. Vielleicht gaben solche Flugkünste das Vorbild für die Paarformationen beim Turmspringen und Eiskunstlauf ab? Die arktischen Populationen der Küstenseeschwalbe ziehen mit dem Ende des nordischen Sommers in die Antarktis, um in dem besonders nahrungsreichen Südpolarmeer nach Fischen und Tintenfischen zu tauchen. Die einfache Strecke von Pol zu Pol beträgt 30 000 km, womit sich die Küstenseeschwalbe durch die intensivste Zugleistung unter allen Vögeln auszeichnet. Als ein Habicht mit kräftigem Flügelschlag und rasantem Gleitflug fordernd auf eine kleine Boddeninsel zustrebt, attackieren ihn sofort zwei Seeschwalben. Dem schneidigen Jäger bleibt nichts übrig, als vor den Schnabelhieben der Kunstflieger schleunigst das Weite zu suchen. Auch Menschen und vierfüßige Störenfriede werden auf diese Weise von den Brutkolonien vertrieben, die meist auf kleinen, nicht auf dem Landweg erreichbaren Inseln liegen. Mit Trauer-, Küsten-, Fluss- und Raubseeschwalbe beobachte ich vier Arten am Bodden, letztere nur als Durchzügler.

Neben dem häufigen Teichrohrsänger singt an wenigen Stellen auch der nah verwandte Schilfrohrsänger. Dabei steigen die Männchen immer wieder zu kurzen, aber markanten Singflügen auf. In die typischen skandierenden Rohrsängermotive flicht er Imitationen anderer Arten – oft Spatzen und Feldlerchen – ein, singt daher abwechslungsreicher als der Teichrohrsänger. Meister in diesem Fach ist allerdings der Sumpfrohrsänger. Aus seinem Lied wurden Imitationen von 400 Vogelarten herausgehört, darunter viele Stimmen aus dem westafrikanischen Überwinterungsgebiet. Wegen ihrer Gesangsvielfalt und -intensität beeindrucken mich die Rohrsänger vielleicht am allermeisten unter den Singvögeln. Als ich ab Mitte Mai drei Wochen am Eixener See wohne, singt dort ein Drosselrohrsänger morgens, mittags, abends und nachts. Welche Energie muss in so einem Vogel stecken?

Parallel zum Bodden verläuft in Richtung Süden eine sehr schöne Fahrradroute, die ich mehrfach zur Gebietserkundung und auch einfach aus Lust am Landschaftsgenuss zurücklege. Zu meiner Rechten funkelt hinter den weiten Schilfflächen das Wasser, linker Hand befinden sich Wald, Wiesen und Viehweiden, Felder und kleine, einfache Dörfer. Einige der dort befindlichen Anwesen werden durch blütenreiche Bauerngärten verziert, was ein buntes und fröhliches, zur Jahreszeit passendes Ambiente schafft. Ob mir ein dauerhaftes Leben in dieser Umgebung gefallen könnte? Jetzt, wo es grünt und sprießt, erscheint es mir allemal anziehend und liebenswert und in manche Häuslein würde ich am liebsten sofort einziehen. Könnten mich aber die Begegnungen mit den wenigen hiesigen Menschen zufriedenstellen, oder fehlten mir nicht Treffpunkte, Unterhaltung, Ausgehmöglichkeiten? Wäre es mir vielleicht doch zu ländlich, spießig, eintönig? Würde nicht spätestens am Ende des Herbstes eine düstere Dunstglocke aus Muff, Frustration und Depression das jetzt bunte Bild ersticken? Nur ein echter und ehrlicher Versuch könnte eine Antwort geben. Aber es gäbe schwerlich eine berufliche Perspektive und ganz ohne diese reicht alle Liebe zum Landleben nicht aus. Im Gegensatz zu vielen stark ländlichen Regionen in den westlichen Bundesländern existiert hier nirgendwo ein alternatives Milieu mit Szenetreffs, Bioläden und ähnlichen Initiativen. In Mecklenburg-Vorpommern kümmert der ländliche Raum vor sich hin und wirft nur für die wenigen Landwirte, die über die entsprechenden Arbeitsmittel und das dazugehörige Kapital verfügen, Gewinn ab.

Doch glaube ich, dass in zwanzig oder dreißig Jahren der Charme dieser einsamen und stillen Regionen erst richtig erkannt wird. Zwar reisen schon jetzt viele Menschen aus anderen Bundesländern hierher, besuchen die Ostseeinseln, die Boddenküste, das Müritzgebiet oder die alten Hansestädte Rostock, Schwerin und Stralsund. Vorerst bleibt das aber auf touristische Besuche beschränkt, und zur Bestreitung des Lebensunterhalts müssen die Menschen in industriell erschlosseneren Gebieten wohnen. Aber, obwohl das noch allenthalben zum Kanon jeder politischen und ökonomischen Absichtserklärung zählt, in naher Zukunft wird deutlich werden, dass auch stattliches Wirtschaftswachstum und weitere Standorterschließungen so wenig Arbeitsplätze für alle bringen wie Ein-Euro-Jobs, Kombilöhne oder ähnlich liederlich gestrickte Maßnahmen. Die entwickelten Industriestaaten werden akzeptieren müssen, dass mit immer mehr Produktivität und technischem Fortschritt quasi zwangsläufig die Erwerbsarbeit ausgeht. Da hilft nur, die noch vorhandene Arbeit weit mehr als bisher aufzuteilen, vor allem aber, das von der Gesellschaft erwirtschaftete Vermögen gerechter zu verteilen. In diesem Fall bestünde die Möglichkeit, jeder und jedem, ob mit oder ohne Arbeitsplatz, ein

Grundeinkommen[12], das den Lebensunterhalt sichert, zu gewähren. Der klammheimlichen und auch offen vorhandenen Stigmatisierung von Arbeitslosen würde so der Boden entzogen, ebenso wie der ganzen aufwendigen und wenig hilfreichen Überwachung und Kontrolle durch die „Arbeitslosenverwaltungen".

Von der Pflicht einer häufig aussichtslosen Suche nach vielfach ungeliebten und oft nicht einmal existenzsichernden Arbeitsplätzen befreit, könnten die Menschen ihr brachliegendes Potenzial für soziales, kulturelles, aber auch umweltschützerisches Engagement entdecken. Dann gäbe es aber wieder eine Perspektive für das Leben in den sogenannten strukturschwachen Regionen. Denn nun müsste nicht mehr in die Metropolen gezogen werden, um am Erwerbsleben teilzunehmen. Wer dann Lust und Muße, Ausdauer und Interesse hätte, z. B. in Vorpommern ein kleines landwirtschaftliches Anwesen zu betreiben, vielleicht noch mit Direktvermarktung einschließlich Café und Fremdenzimmer, könnte dies ausprobieren, ohne fortwährend die Existenzangst im Nacken zu spüren. Und wer dort leben wollte, nur um die Schönheit der Landschaft um sich zu haben oder den Tieren nachzuspüren, bekäme ebenfalls eine dauerhafte Perspektive.

Nun höre ich schon die Besserwisser, die das, was ich schreibe, sogleich als zwar liebenswerte, aber letztlich undurchführbare Utopie charakterisieren. Im virtuellen Vorgriff halte ich denen entgegen, dass gesellschaftliche Veränderungen zuerst als Utopie gedacht werden müssen, bevor sie in konkretes Handeln einfließen. Zum anderen befürchte ich jedoch schwerste sozia-

---

[12] Hierzu existieren bereits ernst zu nehmende Konzepte und Überlegungen und jeder/jede sollte die Gelegenheit nutzen, die zahlreicher werdenden Veröffentlichungen zu diesem Thema, ob in Presse, Buch oder Internet zu studieren.

le Konflikte auf uns zukommen, wenn das dauernde Versprechen von Arbeitsplätzen und damit verbundenem Wohlstand anhält, ohne eingelöst zu werden. Die Enttäuschung und Verbitterung bei den Menschen ohne ausreichende Perspektive wird bis zu dem Punkt ansteigen, an dem sie das ihnen Vorenthaltene gewaltsam zu erreichen trachten. Und sie werden den Parolen der rechten Rattenfänger folgen, die glauben machen, dass all das, was als Hautfarbe, Sprache, Kultur, Religion, aber auch anderen Lebensstilen und Werten fremd und unbekannt daherkommt, keinen Platz in der Gesellschaft haben darf. Die jetzt schon „ausländerfreien Zonen" in vielen Gegenden Deutschlands, ebenso wie die Wahlerfolge entsprechender Parteien, verbunden mit erschreckend zurückgehenden Wahlbeteiligungen, betrachte ich als Menetekel.

Bei meinen Naturerkundungen erlebe ich ständig, wie wertvoll es sein kann, neue Pfade zu begehen, um veränderte Perspektiven zu erlangen. Wie oft erkenne ich dann bis dahin Verborgenes, Geheimes, meine Erkundungen reicher Machendes. Eben aus diesem Grunde glaube ich, dass ein gesellschaftlicher Perspektivenwechsel die stillen und angeblich strukturschwachen Regionen in Mecklenburg-Vorpommern und anderswo in ganz neuem Lichte erscheinen ließe.

Auf dem Schnepfenstrich

Entlang der reizvollen Radstrecke am Bodden suche ich mir einen Weg in die südlichen Bereiche meiner Kartiergebiete. Hier gibt es viel gewachsene Kulturlandschaft, daneben allerdings auch die großen LPG-geprägten Ackerschläge, auf die die Landwirtschaft heute angeblich nicht mehr verzichten kann. Kleine, vergessen wirkende Einsprengsel bereichern das Landschaftsbild, wie ein von Seggen und Schilf umsäumter Tümpel. Er beherbergt u. a. Frösche, Libellen und Gelbrandkäfer. Nebenan, wo das Gelände schon wieder trockener wird, balzt eine Schafstelze. Die Vegetation explodiert jetzt förmlich. Die Schlehen und Vogelkirschen schmücken sich mit einem weißen, die Frühlingssonne widerspiegelnden Blütenpelz, worin das fortwährende Summen von Bienen, Hummeln und Fliegen nicht mehr schwindet. Nicht nur den sechsbeinigen Bestäubern sagt der frische und aromatische Blütenduft zu, auch ich genieße es, den Frühling zu riechen. Auf den Wiesen und Weiden zeigen sich die Köpfe des violett blühenden Wiesenschaumkrauts, gelbe Nuancierungen bieten der allgegenwärtige Löwenzahn und die sich entfaltenden Rapspflanzen. Wie eine fliegende Entsprechung der Blüten erscheinen die bunten Falter; der Kleine Fuchs, das Tagpfauenauge oder auch der Zitronenfalter, alle begierig nach dem süßen Nektar. Selbst die trägen Eichen und Buchen hören nun auf den Frühling und lassen die ersten Knospen aufgehen.

Die Dörfer scheinen still und zeitvergessen, als wollten sie das Dornröschenmärchen illustrieren. Im Örtchen Saal am

Bodden flitzen die Mauersegler über den Dächern. Sie sind echte Sommervögel, denn nur zwischen Anfang Mai und Anfang August leben sie bei uns. Gerade drei Monate bleiben also für Balz, Brut und Jungenaufzucht, bevor es wieder zurück nach Afrika geht. Selbst in diesen wenigen Monaten müssen die spezialisierten Luftjäger gelegentlich heftigen Kaltfronten und Schlechtwetterlagen ausweichen, weil dann ihre Insektennahrung ausbleibt. Wenn ab der zweiten Julihälfte die Alt- und Jungvögel oft in größeren Gruppen mit schrillem Ruf und pfeilschnellem Flug die Dörfer und Städte beleben, strecken nicht nur Vogelkundler die Köpfe nach oben. Der von mir hochgeschätzte Horst Stern schrieb einmal sinngemäß, Frühling sei für einen naturverbundenen Menschen, als würde er einen lange vermissten Freund vom Bahnhof abholen. Da gibt es wenig hinzuzufügen.

Für den folgenden Abend habe ich mir etwas ganz anderes vorgenommen. Mich zieht es auf den Schnepfenstrich. So nennen die Jäger den Balzflug der Waldschnepfe, der zwischen April und Juni in den Dämmerungsphasen vor und nach Sonnenaufgang stattfindet. Die Waldschnepfe überwintert zumeist in Westeuropa und erreicht im März/April die nördlichen Brutgebiete. Dort baut sie ihre Bodennester in grundwassernahen Wäldern, die stocherfähig sein müssen. Das heißt, weich genug, um es dem Vogel zu ermöglichen, seinen langen Schnepfenschnabel auf der Suche nach Würmern und Insektenlarven tief in das Erdreich zu stecken. Zum Schutz für Nest und Küken sollte der Wald eine anständige Krautschicht besitzen und wenigstens zehn Hektar groß sein. Zum Balzflug sucht die Waldschnepfe Lichtungen und Waldränder auf, um sich entlang dieser Strukturen zu präsentieren. In seiner Erscheinung wirkt der Vogel etwas plump, mit langen Beinen, langem Schnabel, gedrungenem Körper, dazu erdfarbenem braunen Federkleid, das mittels schwarzer Maserung noch eine weitere Tarnwirkung erhält. Für die Jäger besitzt der Schnepfenstrich eine ganz besondere Attraktivität, wie der Jäger und Naturschriftsteller Hermann Löns anschaulich schilderte: „Aber da war er wieder, der seltsame, tiefe, quoarrende Ton, das ‚Quoark, Quoark, Quoark', und da kam es auch schon herangestrichen, ein schwarzes Ding, eulenhaft die Fittiche bewegend, zwischen denen ein langer, schwarzer Strich sich abhob, und verschwand in der Dämmerung."[13]

Bei meinen Abendexkursionen im Duvenstedter Brook (Hamburg) war mir die Waldschnepfe schon öfter begegnet. Deshalb kenne ich ihren dumpfen und schwer lokalisierbaren Ruf, das von Löns als Quoark umschriebene „Murksen", und das Erscheinungsbild im Fluge aus eigener Anschauung. Doch blieben das jeweils sporadische Beobachtungen, in denen ich den Vogel selten und nur kurz sah, meist aber ausschließlich hörte.

Wo der Landeswald meines Fuhlendorfer Försters von einem Wassergraben durchzogen wird, wachsen nebeneinander und ineinander übergehend Erlen und Birken, Kiefern sowohl in der Schonung wie auch in ganz naturbelassenen Beständen. Hinzu kommen Eschen, Eichen, Ahorn und Buchen. Aufgrund des Grabens, aber wohl auch zur Gewährung des Jagd- und Forstbetriebs wurde hier eine lange, übersichtliche Schneise offen gehalten. Auf ihr steht ein sehr hoher und geräumiger Hochsitz, den ich als Beobachtungsplatz wähle. Mit Blick auf die Hochdruckwetterlage und den Mondstand erwarte ich für den Abend und die Nacht beste Sichtverhältnisse. Um 19 Uhr gehe ich in Fuhlendorf los, nicht ohne warme Kleidung und eine Thermoskanne Tee mitzunehmen. Der Sonnenuntergang wird gegen 21 Uhr sein, doch möchte ich lange vor diesem den Hochsitz eingenommen haben. Damit vermeide ich es, die

---

[13] Aus: Löns, H., „In Wald und Heide", „Murkerichs Minnefahrt", Göttingen 1967.

dämmerungsaktiven Tiere zu verscheuchen. Außerdem gibt mir eine frühe Ankunft viel Gelegenheit, um den anbrechenden Abend intensiv zu erleben. Neben der Waldschnepfe hoffe ich noch auf einen weiteren nachtaktiven Vogel, den seltenen Ziegenmelker. Der besiedelt sandige Böden und Kiefernheiden und könnte daher abseits des Grabens, im wilden Kiefernwald, einen Einstand haben. Auch ihn hörte ich einmal im Duvenstedter Brook, dort sang er nach der Dämmerung sein schnurrendes, an Maulwurfsgrille und Wechselkröte erinnerndes Lied. Als geschickter Flieger fängt er vor allem Nachtfalter. In Deutschland wird er nur selten beobachtet.

Die erste Zeit auf dem Hochsitz höre ich auf die abendlichen Gesänge von Meisen und Laubsängern, von Buchfink, Goldammer und Mönchsgrasmücke. Mit einem weittragenden „Krü-krü-krü" macht der Schwarzspecht auf sich aufmerksam. Das sanfte Gurren einer Turteltaube klingt, als wolle sie den Wald in den Schlaf wiegen. Am längsten in die Nacht hinein singen Amsel, Singdrossel und das Rotkehlchen. Als die Vögel schon recht still werden, beginnen die Laubfrösche ihr Crescendo. Bei der Kiefernschonung zeigt sich ein Wildschwein. Doch scheint es den Beobachter zu bemerken und verdrückt sich bald wieder. Um mich fliegen Fledermäuse, eine kleinere und eine größere Art. Fledermäuse lassen sich im Flug nur schwer bestimmen. Bei dem kleineren Tier tippe ich aber auf eine Zwerg-, beim größeren auf eine Breitflügelfledermaus. Faszinierende Luftjäger sind das, mit ihrem schnellen, von vielen abrupten und sehr flinken Richtungswechseln geprägten Flatterflug. Weil wir ihre Sonarrufe nicht hören, wirken sie für viele Menschen gespenstisch, wenn sie nahe um deren Köpfe flattern. Doch erlaubt das Fledermaus-Echolotsystem präzise Flugmanöver, einschließlich der Ortung der kleinen Insektenbeute, sodass sie wohl nur in extremen Ausnahmefällen Kopf und Haare berühren.

Inzwischen wird es kalt. Die Sonne streut ihre letzten Strahlen in den noch unbelaubten Wald. Der Mond zeigt sich vier Tage vor seinem Zenit in stattlicher Größe. Dieses magische Mondlicht, das die Dunkelheit gewähren lässt und sie doch durchbricht, nimmt mich mit auf eine kleine Reise in ferne Welten. Hin zu den eisigen Weiten des Weltalls, in die Tiefe der Milchstraße, vorbei an Asteroiden, Planeten und Fixsternen. Da knarrt das Holz unter meinen Stiefeln. Doch gleich darauf sehe ich einen eichelhähergroßen, langschnabligen Vogel wie an der Schnur gezogen über die Lichtung fliegen. Dazu ertönt ein helles, kurzes Quieken, fast wie von einem jungen Hamster. Was ich zuerst hörte, waren nicht das Holz oder die Schuhe. Es war das Murksen der balzfliegenden Waldschnepfe, dem eben dieser helle Ton, das „Puitzen", folgt. Der Vogel verschwindet nach Norden, kehrt einige Minuten später auf der gleichen Linie wieder zurück, um murksend und puitzend nach Süden zu verschwinden. So geht das rund eine halbe Stunde lang. Schnell fliegend streicht die Schnepfe vorbei, verschwindet, kehrt wieder. Auf diese Weise überfliegt sie ihr Balzrevier, das viele Hektar Ausdehnung haben kann. Mit der Zeit übe ich mich im rechtzeitigen Erkennen des Murksens, weiß also schon genau, wann der Vogel wieder vorbeifliegt. Nun verstehe ich, weshalb der Schnepfenstrich die Jäger so sehr bannt. Sie müssen das Tier früh hören, augenblicklich eine gute Schussposition einnehmen und die so unvermittelt auftauchende Schnepfe dann auch tatsächlich treffen. Dazu gehören sicherlich jagdliche Erfahrung und Können. Außerdem ist so eine Vollmondnacht auf dem Hochsitz etwas ganz Besonderes, mit dieser Kombination von Stille und Stimmung, Erwartung und Spannung. Von hier oben werden die Geräusche des Waldes deutlicher und plastischer, die Tiere lassen sich besser beobachten und ich kann in diesem Augenblick sehr gut nachfühlen, welche Faszination von der Jagd ausgeht.

Mir fällt es trotz Kälte und steifer Glieder schwer, mich vom Hochsitz zu lösen. Außerdem warte ich noch auf den Ziegenmelker, der erst zwei Stunden nach Sonnenuntergang richtig lebendig werden soll. Aber in diesem Falle rührt sich nichts. Dafür rufen von zwei Stellen die Waldkäuze. Als es mir dann doch zu kalt wird, pirsche ich entlang der Lichtung und durch dichteren Wald, einfach um die Atmosphäre und den Kitzel, den die Nacht bietet, noch einmal von anderer Warte zu erleben. Der Mond steht jetzt hoch, die Sterne zeigen ihre Bilder und aus den Gräben quaken unverdrossen die Frösche. Ärgerlich grunzend macht sich ein Wildschwein davon, während ich mich weit nach Mitternacht endlich auf den Heimweg begebe. Wenige Kilometer vor dem Ortseingang von Fuhlendorf kann ich noch den Nachtgesang des Sprossers genießen. Schmetternd, schluchzend und flötend trägt er sein Minnelied vor.

Selbstverständlich schlafe ich am Morgen darauf erst einmal aus und an und für sich habe ich vor, einen Ruhetag einzulegen. Doch als ich mittags zum Einkauf im westlichen Ortsende bin, erinnere ich mich, dass nicht weit weg davon ein kleines, naturbelassenes Kiefernwäldchen steht. Dieses grenzt an die ausgedehnten Wiesenflächen, die sich im Süden an Fuhlendorf anschließen und einen Puffer zum Landeswald bilden. Das sehr trocken stehende Wäldchen könnte ein Brut- und Balzhabitat des gestern ausgebliebenen Ziegenmelkers sein. Daneben böte der Platz genug Versteck für eine Übernachtung und wäre eine gute Ausgangsposition für Erkundungsgänge. Also beschließe ich, eine weitere Nacht rauszugehen, dieses Mal aber gleich mit Schlafsack. Um 18 Uhr bin ich wieder unterwegs, habe Schlafsack und Isomatte auf das Rad gespannt, dazu Tee, Äpfel und Schokolade eingepackt. Gleich nach der Ankunft im Wäldchen lege ich die Sachen gut versteckt an die sorgfältig ausgewählte Schlafstelle. Sie befindet sich abseits der Wege und Trampelpfade und ist kaum auf drei Meter einsehbar, ebenso trocken und eben und somit ein guter Platz für eine Nacht im Wald.

Die Stunden bis zur Abenddämmerung nutze ich zu einer Exkursion in die Wiesen und die sich daran anschließenden Waldgebiete. Die weite Wiese stellt tatsächlich eine Kulturlandschaft wie aus dem Bilderbuch dar. Mit ihren Heckenzügen, Feldwegsalleen und Wassergräben vereint sie verschiedene Lebensräume. Jetzt, am frühen Abend, äsen hier viele Rehe. Aus den Hecken und Bäumen zwitschern, flöten, schnarren und tschilpen Goldammern, Garten- und Dorngrasmücken und Feldsperlinge. Im Wald finde ich die Reste einer Ringeltaube, die sicherlich vom Habicht geschlagen und gerupft wurde. Anschließend erreiche ich den tiefen Wassergraben, der den Wald in Ost-West-Richtung durchzieht und – wie ich inzwischen weiß – die begradigte Planitz darstellt. Nachdem das alles ganz intensiv erkundet ist, gehe ich zurück zur Lagerstelle. Sie befindet sich in einem kleinen Talkessel, weshalb ich zur besseren Aussicht einen umgebenden Hügel mit Blick auf die Wiese als Beobachtungsstelle wähle. Die Rehe äsen noch, über die Fläche von rund zwei Hektar verteilen sich in großen Abständen Zweiergruppen und Einzeltiere. Kaum zehn Meter von mir entfernt schnürt ein Fuchs, als ich ihn im Fernglas fixiere, schaut er ebenso interessiert. Und wie der Dachs im abendlichen Birkholz erschrickt er plötzlich und flüchtet in weiten Sprüngen davon. Wieder umflattern mich Fledermäuse und auch die Waldschnepfe lässt sich sehen und hören. Vermutlich handelt es sich bei ihr um dasselbe Tier, das gestern entlang der Lichtung flog. Die Luftlinienentfernung zum gestrigen Platz beträgt nicht mehr als drei Kilometer, und so weit fliegt die Schnepfe allemal.

Trotz dieser vielen Eindrücke bin ich heute etwas unkonzentriert und auch müde. Ich spüre, dass ich erst in der zweiten

Nachthälfte ins Bett kam. Außerdem erreichen mich ohne isolierenden Hochsitz die jetzt aufkommende Feuchtigkeit und die Kälte sehr unmittelbar. Da auch vom Ziegenmelker nichts zu sehen und zu hören ist, suche ich schon vor Mitternacht mein Nachtlager auf. Gegen vier Uhr, wenn der Mond noch nicht unter- und die Sonne noch nicht aufgegangen sein wird, möchte ich wieder auf den Beinen sein. Mein lauschiger Schlafplatz zwischen Heidelbeersträuchern und Besenheide bleibt in der Nacht verhältnismäßig trocken, die Kiefern halten die Feuchtigkeit fern. Leider habe ich nur einen bedingt geländetauglichen Schlafsack mit mir, weshalb es doch etwas kühl wird. Dennoch schlafe ich ganz gut und während einiger kurzer Wachphasen unterhalten mich Kuckuck, Sprosser und Waldkauz. Einmal meine ich auch, im Halbschlaf das „Tücke-tücke-tücke" der Bekassine zu hören. Wenige Minuten nach vier, der Mond will sich gerade verabschieden, bin ich wach. Noch immer singen Kuckuck und Sprosser, über mir ertönt auch wieder das jetzt bereits vertraute Murksen und Puitzen der Waldschnepfe. Schnell in die Kleider, zwei Becher Tee, ein Stück Schokolade und schon bin ich auf den Beinen. Außerhalb des Wäldchens sind Gras und Sträucher triefend nass von der Nachtfeuchte. Erst mit Rad, später nur zu Fuß, geht es an den Bodden, wo die aufgehende Sonne alle Register ihres ästhetischen Könnens aufbietet. Trotz zweier kurzer Nächte bin ich engagiert und ausdauernd. Intensiv inspiziere ich den Boddenabschnitt und beobachte dabei Kraniche, Wiesenpieper und Steinschmätzer. Anschließend durchquere ich den Wald und entwickle eine Bestandsschätzung für die Weidenmeisen. Der letzte Abstecher geht zu den Balzplätzen der Schilfrohrsänger, wo sich die Vögel abermals akustisch und optisch präsentieren. Am späten Vormittag schließe ich meine zweite Nachtexkursion innerhalb von 48 Stunden ab. Sehr zufrieden über das Erlebte und auch stolz auf meine Energieleistung, begebe ich mich erst einmal zur Ruhe.

Altlasten im Barther Stadtholz

Nach zwei Nächten unterwegs bleibe ich am heutigen Abend zu Hause und möchte auch den kommenden Vormittag noch ausruhen. Abends wird mich Ralf abholen, wir wollen mit Spektiven an den Bodden und dort die Wasser- und Strandvögel beobachten.

Aber mein Bewegungs- und Erkundungshunger treibt mich dann doch vormittags wieder in den Barther Stadtwald. Entlang der Wacholderheide, in Kiefern- und Fichtenschonungen schaue ich mich um, finde aber nichts Spektakuläres. Einmal begegnet mir ein flinker, auf grünem Grund schwarz gepunkteter Sandlaufkäfer. Er findet auf den sandigen Waldwegen bestimmt gute Lebensmöglichkeiten. Auf demselben Terrain krabbeln auch die mit tiefblauem Chitinpanzer bewehrten Frühlingsmistkäfer. Aus den ungezählten abgefallenen Nadeln der Bäume haben die Großen Roten Waldameisen an vielen Stellen ihre Baue aufgeschichtet. Von da aus sind die Krabbeltiere in alle Richtungen unterwegs.

Zum Mittag bin ich schon wieder zurück und erledige noch einige Einkäufe. Um 18 Uhr kommt Ralf. Heute geht die Fahrt an den Michaelsdorfer Bodden zeit- und schweißsparend per Auto. Ein letztes Stück entlang des Deiches legen wir aber zu Fuß zurück. Ralf hat zwei Spektive mit sich, diese positionieren wir geschützt etwas unterhalb der landseitigen Deichkuppe. Auf der kleinen Schlickfläche, die ich bereits letzte Woche absuchte, erkennen wir mit jetzt guter Vergrößerung vier der auffallend schwarz-weiß gefärbten Säbelschnäbler. Sie sitzen auf ihren kargen, kaum gepolsterten Nestmulden. Küken zeigen sich noch keine, doch sehen wir zweimal, wie die Eier gewendet werden. Drei Alttiere waten im seichten Meerwassertümpel, wo sie mit ihren langen, nach unten gebogenen Säbelschnäbeln Kleintiere aus Wasser und Schlick fischen. Dabei bewegen sie den Schnabel ähnlich wie eine Sense, und bei leicht geöffnetem Schnabel können sie auf diese Weise viel Beute auf einmal erhaschen. Nicht weit von dieser Stelle entfernt sitzt ein Kiebitz auf dem Nest. Keine Nester, aber deutliches Revierverhalten präsentieren die Brandgänse. Deshalb darf ebenfalls von im Umkreis brütenden Tieren ausgegangen werden. Kurioserweise legen sie ihre Eier auch in verlassene Fuchsbaue, und die Literatur berichtet sogar von Fällen, in denen Fuchs und Gans einträchtig in derselben Bauanlage lebten.

Als wir keine neuen Erkenntnisse mehr erwarten, verlassen wir den Deich und ich zeige Ralf noch einige interessante Plätze aus meiner nun zehntägigen Beobachtungszeit am Bodden. Darunter fällt auch mein gestriger Übernachtungsplatz mit der angrenzenden große Wiese. Im Hinblick auf meine Vermutung, dass im Kiefernwäldchen der Ziegenmelker hausen könnte, weiß Ralf noch etwas Besseres. Im Südosten von Fuhlendorf, mitten im Wald, existieren ausgedehnte Kahlschlagflächen, die erst nach und nach schütter von Kiefern, Birken und Heidekraut besiedelt werden. In solchen lichten und trockenen Arealen hält sich der Ziegenmelker zum Brüten und Jagen auf. Die Eier legt er in eine vegetationslose Bodenmulde. Nebenbei wäre das auch ein Biotop für Heidelerche und Kreuzotter. Der ebenfalls an diesen Plätzen brütende Baumpieper empfängt uns gleich mit seinen auf- und absteigenden Strophen.

Doch verbirgt dieses Gelände noch ganz andere Überraschungen. Versteckt und nur auf schwer befahrbaren Wegen zu erreichen, befinden sich in diesem Wald ehemalige Armeebunker. Das wäre nichts Besonderes. Doch hier standen die Trägerraketen für Atomsprengköpfe. Vermutlich auch für die zu Berühmtheit gelangten SS-20-Raketen, die vor 20 bis 30 Jahren die Weltpolitik bewegten. Als sie in immer größerem Ausmaß stationiert wurden, entstanden die Beschlüsse zur sogenannten NATO-Nachrüstung. Sie waren von Helmut Schmidt initiiert worden und wurden trotz riesiger Proteste unter der Regierung von Helmut Kohl in Westdeutschland umgesetzt. Die Beschlüsse sahen vor, dass bei einem Verbleiben der SS-20-Raketen die NATO eigene Raketensysteme mittlerer Reichweite, die Cruise Missiles und die Pershings, zur Abschreckung installieren würde. Allerdings enthielten die Beschlüsse eine Verhandlungsoption, wonach der Sowjetunion und den von ihr dominierten Staaten des Warschauer Pakts angeboten wurde, bei Abbau der SS-20 auch die westlichen Raketen nicht zu stationieren. Die Verhandlungen führten zunächst zu keiner Einigung und Mitte der 1980er Jahre standen zu beiden Seiten des sogenannten Eisernen Vorhangs die Vernichtung bringenden Mittelstreckenraketen. Erst die mutigen Schritte des 1985 an die Spitze der Kremlführung gelangten Michail Gorbatschow öffneten Wege für eine nachhaltige Abrüstung. Sie waren letztendlich die Voraussetzungen für all die Veränderungen, die in den Ländern des Warschauer Pakts und mithin auch der DDR stattfanden und schließlich zur Überwindung der europäischen Teilung führten. Zu DDR-Zeiten wusste von den Einheimischen sicher niemand etwas Genaues über die Bunker und Sprengköpfe. Weil das Gelände aber ganz bestimmt strengstens gesichert war, werden viele Entsprechendes geahnt haben.

Ralf und mir erscheint die Szenerie gespenstisch, verbunden mit einem Gefühl von Beklemmung. Aber die Bunker bleiben ein wichtiges Mahnmal gegen das Vergessen. Heute siedeln in ihnen Fledermäuse und lassen aus Orten der Vernichtung Stätten für das Leben werden. Und wenn auch das Ambiente nicht sehr anheimelnd erscheinen mag, wird mich das nicht davon abhalten, auf der Suche nach Ziegenmelkern, Heidelerchen und Kreuzottern wieder hierherzukommen.

Anderntags besucht mich Gisela. Um 9 Uhr möchte sie in Fuhlendorf sein. Bis dahin habe ich den Frühstückstisch auf der Sonnenterrasse gedeckt und mit Blumen geschmückt. Den genauen Fahrweg bis zu meiner Unterkunft schilderte ich ihr im Brief. Um sie zu überraschen und auch aus der Vorfreude heraus gehe ich Gisela aber auf der Fuhlendorfer Hauptstraße den erwarteten Anfahrtsweg entgegen. Tatsächlich erkenne ich schon nach wenigen Minuten den blauen Twingo und Gisela ist ganz verblüfft, als sie mir bereits hier begegnet. Die Wiedersehensfreude ist groß und Gisela zeigt sich ganz angetan von der Geste des Entgegenkommens. Sie freut sich über die Blumen, genießt den gedeckten Tisch und findet meine Wohnung sehr gemütlich. Im Anschluss an das Frühstück unternehmen wir einen Abstecher nach Barth, wo wir bei sonnigem und warmem Wetter und wunderschönem Seeblick entlang der Uferpromenade und in der Altstadt flanieren. Gisela fühlt sich vom jetzt nahezu mediterranen Flair des Städtchens sehr angezogen.

Nachmittags besuchen wir ihren Bruder Jürgen nebst Schwägerin Christina und den Neffen Matthias, André und Alexander in Hirschburg, am südwestlichen Ende des Darßer Boddens. Jürgen und Christina kamen zu DDR-Zeiten aus dem sächsischen Hohenstein-Ernstthal an die Ostsee. In der Nachwendezeit war Jürgen kurzzeitig Bürgermeister im gediegenen Seebad Graal-Müritz, bis neue berufliche wie private Verpflichtungen beide wieder in die alte Heimat führten. Weil ihr Herz inzwischen aber an der Ostsee hing, kauften sie sich hier ein

Haus mit großem Grundstück und viel Platz für Garten, Schaf- und Ziegenhaltung. Die inzwischen erwachsenen Söhne zogen bereits vor Längerem hierher, begannen mit der Renovierung des Hauses und boten Unterkunft für Freunde. Jürgen und Christina möchten mit Erreichen des Ruhestands ebenfalls hier wohnen. Jetzt sind sie gerade zu Besuch da und unterstützen die Söhne bei der Renovierung. Als wir dort ankommen, gibt es ein großes Hallo und eine herzliche Begrüßung, dazu Kaffee und Kuchen. Wir haben uns viel zu erzählen und sitzen lange beieinander. Danach besichtigen wir den Garten und die Tiere, um uns anschließend zu einem Abstecher nach Graal-Müritz aufzumachen, wo André als Sozialarbeiter bei einer Veranstaltung des dortigen Jugendzentrums gebraucht wird.

Gisela und ich begehen unseren Tagesabschluss in der Hafenkneipe bei Bier und Bauernfrühstück. Am nächsten Morgen wandern wir entlang des Michaelsdorfer Boddens. So lernt meine Freundin auch das zweite Kartiergebiet ein wenig kennen. Leider schlug über Nacht das Wetter um, und es ist kalt und windig. Gisela findet aber dennoch Gefallen an der Landschaft. Sie genießt die Präsenz der See, die würzige Luft, die heute gischttragenden Wellen und das sich im Wind auf und ab bewegende Schilf. Weil an der Küste die Dörfer schon etwas aufgeweckter, sprich moderner erscheinen, gefällt es ihr hier besser als im ersten Kartiergebiet. Am späten Sonntagnachmittag verabschiedet sich Gisela nach zwei sehr schönen Tagen, die wir in großer Verbundenheit verbrachten.

Bereits in drei Tagen werde ich wieder umziehen, dann auf den Pferdehof nach Eixen. Bis dahin möchte ich aber noch das Barther Stadtholz bis zur Ostgrenze meines Gebiets erkunden, ein weiteres Mal auf den abendlichen Schnepfenstrich gehen und zwischendurch in Barth reichlich Lebensmittel besorgen. Denn in Eixen werden die Einkaufswege deutlich länger sein.

Lieblingsbiotope, Insektengifte
und Mundräuber

Frühmorgens, auf meinem Weg ins Barther Stadtholz, empfängt mich wie gewohnt reichlich Bodennebel und die damit
einhergehende Feuchtigkeit. Den ersten Abstecher unternehme ich zu den Raketenständen. Nachdem es nun gut zwei
Wochen lang nicht regnete, sind die sandigen Waldwege
dorthin per Rad kaum passierbar, und ich bleibe des Öfteren
stecken und muss schieben. Aber immerhin beginnt nun die
Sonne im Osten ihr morgendliches Schauspiel, ausgiebig be-
gleitet von den Gesängen und Stimmen der Vögel. Doch kann
der lebhafte Tagesanbruch nicht darüber hinwegtäuschen, dass
diesem Areal der Charakter eines verwunschenen Landes an-
haftet. Möge dieses Stigma in den kommenden Jahrzehnten
verschwinden, nicht ohne die Menschen immer wieder daran
zu erinnern, wie die vermeintliche Beherrschung der Natur,
die sich in der Atomkernspaltung exemplarisch demonstriert,
die Welt nur zerbrechlicher und gefährdeter macht.

Entlang einer heruntergekommen wirkenden Waldsiedlung,
sie trägt einen russischen Namen und war vormals vielleicht
Wohnraum für sowjetisches Militärpersonal und dessen An-
gehörige, radle ich auf stillen Wegen nach Osten. Bald enden
die wenig lebendigen Fichten- und Kiefernwälder, und die
Vegetation wird abwechslungsreicher. Hier befinde ich mich
im Einzugsgebiet der Planitz, die einige Kilometer weiter östlich in die Barthe fließt. Trotz der Flussregulierung konnte
sich hier viel naturnahes Feuchtland mit annäherndem Au-

waldcharakter erhalten, das zudem kaum gestört wird. Auwälder zählen in Mitteleuropa zu den artenreichsten Lebensräumen und waren immer so etwas wie ein Lieblingsbiotop
von mir. An der Planitz begegnet mir als Erstes ein Grauschnäpper, der die Äste einer alten knorrigen Eiche als Sitz-
warte nutzt. Von hier aus erbeutet er mit flinken und wendigen Jagdflügen seine Insektenbeute in der Luft. Der
Grauschnäpper ist nicht selten und legt seine Bruthöhlen auch
gerne im Siedlungsbereich in altem Gemäuer an. Doch singt
er unauffällig und macht meist mehr durch ein wiederholtes
hartes „Tsick-tsick-tsick" auf sich aufmerksam. Aus diesem
Grunde übersehe ich ihn häufig.

Gleich darauf flüchten wenige Meter vor mir zwei sehr kräftige
Rothirsche über den Weg. So unvermittelt wie sie auftauchen,
mit ihrer stattlichen Größe und ihren Bocksprüngen, erinnern
sie mich beinahe an Elche. Diese großen Hirschtiere leben in
Polen, und die polnische Grenze ist nicht weit von hier. Ganz
unwahrscheinlich wäre daher meine Vermutung nicht. Als ich
anderntags Ralf darauf anspreche, meint er, die Anwesenheit
von Elchen würde sich in den hiesigen Jäger- und Naturkund-
lerkreisen sicherlich herumsprechen und müsste auch ihm bekannt sein. Das scheint mir ebenfalls so, weshalb vor mir doch
„nur" Rothirsche flüchteten. Der Grauschnäpper war mir schon
begegnet, jetzt entdecke ich auch noch das Weibchen des Trau-
erschnäppers, das in den alten Bäumen nach potenziellen Bruthöhlen sucht. Rechts und links des Weges trompeten Kraniche, sie scheinen in den lichteren Bereichen dieses schönen
Auwalds zu brüten. Aufgeregt krächzende Kolkraben hinter-
lassen in mir ebenfalls den Eindruck, dass sich in nächster Nähe
ihr Nest verbirgt. Bei einem versteckten Waldteich singt ein
Waldwasserläufer, später sehe ich ihn mit einem weiteren Tier
zusammen. Diese Limikole lebt nicht wie ihre meisten Verwandten in offenen Ufer- und Küstenbereichen, sondern wie

der Name sagt, im Wald. Dort müssen allerdings mindestens Tümpel oder feuchte Gräben vorhanden sein. Sie brütet bevorzugt in verlassenen Drosselnestern.

Neben diesen Beobachtungen erfreuen mich kräftige Ulmen, Eichen und Eschen, die nur darauf zu warten scheinen, ihre vielen Geschichten zu erzählen. Dazu bestaune ich die Blütenköpfe des Roten Leinkrauts, die sich in der üppigen Krautschicht wie Blutstropfen auf einem grünen Laken abzeichnen. Unvermittelt endet der Wald und macht Platz für eine weite Wiesenfläche. Hier erreicht die Planitz die Barthe. Aus dichter Ufervegetation schwätzt unermüdlich, laut und hart ein Drosselrohrsänger, während vom Wald ein Pirol seine stimmungsvolle Flötenstrophe zum Besten gibt. Über der Barthe kreist ein Seeadler. Dieser große Greifvogel erreicht entlang der Ostseeküste seine höchste Brutdichte in Deutschland. Jahrzehntelang fast am Aussterben, erholten sich die Bestände aufgrund strenger Jagdverschonung, konsequenter Horstbewachung und vor allem infolge des Verbots von DDT. Denn dieses Insektenvertilgungsmittel verbleibt mit seiner toxischen Wirkung bei den geschädigten und verendeten Organismen und wird auf diesem Weg von insektenfressenden Kleinsäugern, Amphibien, Reptilien und Vögeln auf größere Beutegreifer übertragen. Diese können das über die Nahrung aufgenommene Gift kaum ausscheiden und es lagert sich im Fett- und Muskelgewebe der Tiere an. Mit den ganz gewöhnlichen Stoffwechselvorgängen erreicht es die Milch der Säuger, die Föten und Keimlinge und führt bei Vögeln zu dünnschaligen Eiern. Diese zerbrechen dann lange vor den Schlüpfzeitpunkten der Jungen, weshalb vollkommene Brutverluste entstehen können. Nachdem die US-Amerikanerin Racel Carson[14] vor mehr als 40 Jahren auf dieses

---

[14] Aufmerksam gemacht mittels eines Klassikers der Umweltliteratur: Carson, R. „The Silent Spring", zu Deutsch „Der stumme Frühling", München 1976.

Problem aufmerksam gemacht hatte, wurde DDT in vielen Ländern verboten. Dies konnte die Produzenten jedoch nicht daran hindern, das Gift dorthin zu exportieren, wo strenge gesetzliche Auflagen fehlen. Wenigstens vermehren sich seit rund zwei Jahrzehnten die Bestände der Greifvögel in Europa und Nordamerika wieder. Inzwischen können See- und auch Fischadler bereits häufiger in der näheren Umgebung Hamburgs beobachtet werden. Ein weiterhin seltener Vertreter dieser Vogelgruppe ist der Schreiadler. Er brütet in geringer Zahl in den feuchten und amphibienreichen Wäldern Mecklenburg-Vorpommerns. Innerhalb meiner Kartiergebiete konnte ich ihn jedoch nicht entdecken.

Tags darauf bin ich in Barth, um einzukaufen. Weil morgens noch die Sonne scheint, wähle ich den längeren, dafür reizvolleren Weg durch den Auwald. Leider beginnt es aber bald zu regnen und ich habe wenig Muse für Erkundungen. Doch wundere ich mich, dass in der Barthe so viele sterbende und tote Fische schwimmen und treiben. Wurden da von irgendeiner Stelle illegal giftige Abwässer in den Fluss geleitet? Ralf erzählt mir später, dass es sich bei den Fischen um Brassen handelt, die sich jetzt paaren, ablaichen und daraufhin sterben. Sich paarende Tiere hatte ich tatsächlich auch beobachtet, was meine Verwirrung vergrößerte. Also stellt das etwas makabre Schauspiel einen ganz natürlichen Vorgang dar. Nur die Behörden, die wissen nicht so recht, wohin mit den vielen Fischleichen. Man hat Angst, dass von ihnen zu viel Gestank ausgeht. Somit werden die Angelvereine in die Pflicht genommen, aber so richtig zuständig fühlen sich diese auch nicht. Sollen sich doch Adler, Otter, Kormorane und Möwen daran gütlich tun.

An diesem Tag tun sich auch einige Menschen an meinen Einkäufen gütlich. Ich habe frisches Obst und Gemüse eingekauft, dazu noch Lebensmittel wie Kaffee, Brot und Nudeln. Damit will ich mindestens eine Woche gut versorgt sein. Nach dem Einkauf bin ich bei Ralf im Büro, wo wir den aktuellen Beobachtungsstand austauschen und die morgige Fahrt nach Eixen zeitlich festlegen. Als ich das Kulturhaus (wo sich Ralfs Büro befindet) verlasse, werde ich auf eine Ausstellung über die Stasi in Mecklenburg-Vorpommern aufmerksam, die im Erdgeschoss zu besichtigen ist. Meine Einkaufstaschen lasse ich der Einfachheit halber an der offenen Tür des Ausstellungsraums stehen. Lange möchte ich nicht bleiben, und den Abstellplatz habe ich gut im Blick. Denke ich!

Nach einigen Minuten bin ich doch ganz vertieft in die Ausstellung und schaue mir Fotos, Tafeln und Texte ausgiebig an. Als ich wieder zur Tür komme, sind die Taschen weg. Habe ich sie bei Ralf gelassen? Schnell haste ich die Stufen zu seinem Büro hinauf, doch da stehen keine Taschen. Meinte irgendwer, sie seien vergessen worden und gab sie an der Rezeption des Hauses ab? Die Nachfrage ergibt nichts dergleichen. Im Haus findet gerade ein Musikkurs statt, weiß da jemand etwas von den Taschen? Ebenfalls nichts. Als ich Ralfs Büro das erste Mal verließ, fragten mich zwei wenig vertrauenerweckende Männer nach einem Büro. Ich wusste keine Auskunft, erfahre nun aber an der Rezeption, dass dort ein Bewährungshelfer an manchen Tagen Sprechstunden abhält. Heute ist er allerdings nicht da, die Männer irrten sich im Termin. Leider kann ich daher auch nicht erfahren, wer sie sind. Denn inzwischen muss ich annehmen, dass meine Sachen geklaut wurden. Ohne haftentlassene Menschen pauschal verurteilen zu wollen, verdächtige ich die beiden Männer. Mit größter Wahrscheinlichkeit verließen nur sie während meiner Ausstellungsbesichtigung das Haus und kamen an der besagten Tür vorbei. Bei den zur gleichen Zeit hereinkommenden Musikschülern war ich im Proberaum, und da wären mir die Einkaufstaschen aufgefallen. Überdies meinen auch Ralf und die Dame von der Rezeption, dass ein Diebstahl in diesem Haus völlig ungewöhnlich sei und sie heute zum ersten Mal damit konfrontiert würden.

Zwar ärgere ich mich maßlos – ich hatte für eine erkleckliche Summe eingekauft –, doch was bleibt mir übrig, als recht düpiert und mit leeren Fahrradtaschen nach Fuhlendorf zurückzufahren. Auf neuerliche Einkäufe habe ich keine Lust mehr. Beim Rückweg durch Barths Innenstadt läuft mir tatsächlich einer der Verdächtigen über den Weg. Ich stelle ihn zur Rede. Aber natürlich weiß er nichts von den Taschen, und wie soll ich etwas beweisen?

Immerhin hat es zu regnen aufgehört und ich komme trocken in Fuhlendorf an. Am Nachmittag packe ich meine Kleider, Ausrüstungsgegenstände, Bücher etc. in die Kartons, um morgen nicht mehr davon aufgehalten zu werden. Abends zieht es mich zum Schnepfenstrich. Auf dem Hochsitz kann ich meinen Ärger über den Diebstahl „aussitzen". So romantisch wie vor einer Woche wird es heute nicht. Dazu fehlt mir die Stimmung, verdecken die Wolken die Sterne und der abnehmende Mond geht erst nach Mitternacht auf. Dafür erscheinen nach Sonnenuntergang gleich zwei Waldschnepfen, die aufgeregt puitzend miteinander fliegen. Mir wird dabei nicht klar, ob es sich hierbei um zwei Rivalen oder um balzende Tiere handelt. Ein späterer Nachschlag bei Hermann Löns lässt mich für die zweite Variante plädieren. Nachdem die Vögel mich eine Weile unterhalten haben, verschwinden sie. Rund 40 Minuten später erscheint das einzelne Männchen im typischen Revierflug, dabei sowohl murksend wie puitzend. Ab und an blökt ein Reh. Fledermäuse flattern um mich und die Frösche quaken wieder unermüdlich. Weil aber gegen 23 Uhr mein Sitzfleisch dünner wird, verlasse ich den

Hochsitz. Ohne Mond und bei bedecktem Himmel ist es heute Nacht sehr dunkel und mein Rückweg durch den Wald kaum zu erkennen. Die vom Tag vertrauten Baumsilhouetten, Astgespinste und verborgenen Lichtungen führen jetzt ein geheimnisvolles Schattendasein. Tastend, spürend und mit einem inneren Bild der Umgebung versehen, finde ich mich aber in der Dunkelheit zurecht und bin bald zu Hause.

Anderntags holt mich Ralf ab. Schon wieder laden wir die Kartons ins Auto und stellen das Rad auf den Gepäckträger. Nach einer netten Verabschiedung von Familie Preuß fahren wir nach Eixen. In wenig mehr als einer halben Stunde erreichen wir den Pferdehof von Frau Nettebrook.

Auf dem Pferdehof

Hier gefiel es mir schon gleich bei der ersten Besichtigung anlässlich der Vorsprache um die Wohnung, und entsprechend fühle ich mich sofort wohl. Zwei große und helle Zimmer stehen mir zur Verfügung, dazu ein geräumiges Bad. Die Kochnische ist in das Wohnzimmer integriert. Nun braucht nicht mehr alles, was zum Wohnen dazugehört, Kochen, Schlafen, Essen, Schreiben und Lesen innerhalb eines Raumes stattzufinden. Das empfinde ich als sehr angenehm.

Die Familie Nettebrook nennt rund 40 Pferde ihr Eigen, die direkt am Seeufer und auf weiteren drei Koppeln ihre Stand- und Weideplätze haben. Abends wird ein Teil der Herde über den Hof zu den Weiden am See getrieben. Dabei entsteht eine richtige kleine Stampede, und es ist jedes Mal ein herrlicher Anblick, wenn die Tiere mit wehenden Mähnen und nach hinten gereckten Schwänzen zu ihrem Nachteinstand galoppieren. Im Stall und an der Hausfront brüten rund 80 Paare Mehl- und Rauchschwalben. Mir fällt erstmals auf, dass die Mehlschwalben auch im Innern von Räumen nisten. Bisher waren mir ihre mit Speichel an die Wände geklebten Nester nur von Außenfassaden bekannt. Dass die Rauchschwalben umgekehrt gelegentlich dort ihre Nester bauen, hatte ich hingegen bereits früher gesehen. Auf diesem Hof befinden sich die Mehlschwalben in der Mehrzahl, etwa im Verhältnis von zwei zu eins. Den flinken Fliegern mag ich stundenlang zuschauen, und in den kommenden zweieinhalb Wochen beobachte ich die Vögel immer wieder bei Nestbau, Brutablösung oder Fütterung. Richtig beeindruckend wird es, wenn kurz vor Sonnenuntergang die Schwalben alle auf einmal lebhaft zwitschernd und schnarrend über den Hof jagen. Weil sie dabei immer wieder die Nester anfliegen, sind auch fortwährend die Bettelrufe der Jungvögel zu hören. Das sind tatsächlich Schwalbenschwärme, und in so einer Häufigkeit habe ich das schon lange nicht mehr, wenn nicht noch nie erlebt. Diese großen abendlichen Ansammlungen rühren aus dem Umstand, dass vom nahen See bei warmen Abendwinden zahlreiche Insekten aufsteigen. Sie rufen natürlich die Vögel auf den Plan.

In den Abendstunden und bis weit in die Nacht hinein quaken die Laubfrösche mit einer Intensität und Stimmenfülle, dass ich mich in die Tropen versetzt fühle. Sie sitzen allerdings nicht im See, wie ich anfangs annehme, sondern in einem kleinen weidenbestandenen Teich. Mit zunehmender Erregung verlassen sie das Wasser und klettern auf die vom Wasser erreichbaren Äste. So dehnen sie den Radius ihres Balzkonzerts aus. Leider gelingt es mir trotz zweier abendlicher Versuche mit der Taschenlampe nicht, einen dieser lauten Kerle zu Gesicht zu bekommen oder gar zwecks besserer Anschauung (vorübergehend) zu fangen.

Meine Vermieterfamilie betreibt den Pferdehof und die Pension als Nebenbetrieb. Der Hauptverdienst kommt aus einer eigenen Spedition. Rund zehn Lkws stellen den Fuhrpark; außerhalb der Wochenenden sind die Fahrzeuge unterwegs. Frau Nettebrook gibt mehrmals die Woche Reitunterricht. Sie scheint da eine richtige Könnerin zu sein, denn im großen Gästesaal stehen und hängen zahlreiche Pokale und Urkunden. Oft unterhalten wir uns über Pferde und Pferdehaltung, auch über das abgeschiedene Leben auf einem großen Hof. Ihr scheint es hier aber sehr zu gefallen. Das kann ich gut nachvollziehen. Schon am ersten Tag zeigt sie mir Stall und

Koppeln und freut sich darüber, dass ich mich zwischen den Tieren ganz sicher bewege und sie gleich bei der Betreuung eines kranken Pferdes unterstütze. Leider stelle ich in den nächsten Tagen bei weiteren Kontakten mit den Pferden fest, dass ich nach wie vor allergisch auf Pferdehaare reagiere und aus diesem Grund die intensive Beschäftigung mit den Tieren meiden muss.

Am Ankunftstag in Eixen unternehme ich noch keine Erkundung. Ein kleiner Spaziergang führt mich allerdings zum See, wo mir gleich Sprosser und Drosselrohrsänger auffallen. Am Tag darauf schaue ich mir morgens und vormittags das Regenwetter lieber von innen an. Nachmittags geht es aber in das bekannte Birkholz. Wie in meiner zweieinhalbwöchigen Abwesenheit alles grün wurde! Hier ist die Vegetation weiter als an der Küste. Die Bäume haben ausgeschlagen und blühen, Buschwindröschen und Scharbockskraut stecken ihre Blüten bereits wieder ein. Dafür präsentieren sich jetzt die verschiedenen Storchschnabelarten, der Waldmeister, das Bittere Schaumkraut und die Zweiblättrige Schattenblume. Für rote und violette Einsprengsel in die Krautschicht zeigt sich das Lungenkraut zuständig.
An lichtarmen Stellen, gerne unter Nadelbäumen, wächst die Schuppenwurz. Sie ist eine Schmarotzerpflanze, so genannt, weil sie sich ihre notwendigen Nährstoffe von anderen Pflanzen bereitstellen lässt. In ihrem Fall bilden die Wurzeln Saugorgane aus, mit denen sie Baumwurzeln anzapft.

Im Birkholz quorren Kolkraben und mir scheint, in der Nähe müsse sich ihr Nest befinden. Doch obwohl ich lange und durch unwegsames Gelände den Rufen folge, entdecke ich es nicht. Entlang des Wassergrabens, der das vier Kilometer lange Wäldchen teilt, plietschen zwei Trauerschnäpper ihre abgehackte, auf- und absteigende Strophe. Aus dem Bruch pfeift eine Weidenmeise. Lebendig zeigen sich auch die Braunkehlchen auf den Wiesen und Weiden. Zwei sich paarende Tiere befinden sich nicht weit von mir auf einem Weidezaun. Nach vollzogener Liebesmüh präsentiert das Männchen sein melodiöses, mit Imitationen geschmücktes Lied.

Um 19 Uhr bin ich zurück und freue mich, nach dem vielen Nadelwald und den meist armen Sandböden an der Küste wieder die reicheren Lehmböden mit ihren naturbelassenen Bauernwäldchen um mich zu haben. Letztere steuere ich auch in den folgenden Frühtouren an. Jetzt singen die Vögel am intensivsten. Alle Arten sind inzwischen eingetroffen, Balz- und Paarungszeit befinden sich auf dem Höhepunkt. Vom frühen Morgen bis in die Abendstunden hinein singt, pfeift, jubiliert, flötet und schnarrt es von Wipfeln, Ufern, Wiesen und Feldern. Zum ersten Mal höre ich den Schlagschwirl, der bevorzugt von den Waldrändern singt. Mit seinem „Wetze-wetze-wetze" klingt er fast wie eine Heuschrecke und ist darin seinen bereits vorgestellten Vettern Rohr- und Feldschwirl sehr ähnlich. Auf einer Hecke entdecke ich meinen ersten diesjährigen Neuntöter. Dieser schneidige Insektenjäger mit schmucker Gesichtsmaske trifft erst spät in Mitteleuropa ein. In allen mir lieb gewordenen Exkursionsgebieten erlebte ich ihn als auffälligen und regelmäßigen Begleiter durch die Sommermonate. Selbst in Tansania entdeckte ich ihn, dort verbringt er Herbst und Winter. Wie er so vertraut auf einer Stromleitung saß, fühlte ich mich ganz stark an zu Hause erinnert und mir war, als würde ich in der Fremde einen Bekannten aus heimischer Umgebung treffen. Der etwas martialische Name des Vogels rührt aus seiner Gewohnheit, erbeutete Insekten oder auch einmal eine Maus als Nahrungsvorrat auf Dornen zu spießen. Doch gelang es mir bisher erst einmal, eine so aufbewahrte Beute, es war eine Hummel, zu finden.

In einem weiteren Wäldchen, nördlich vom Koppelholz, stoße ich auf einen sehr stattlichen Bestand des Breitblättrigen
Knabenkrauts. Orchideen in dieser Anzahl hatte ich so weit
im Norden Deutschlands nicht unbedingt erwartet. Aus diesem Grund gefallen mir heute die prägnanten Blütenbilder
besonders gut. Später finde ich einige Exemplare dieses Knabenkrauts beim Eixener See. Im feuchten Wald wächst auch
die Einbeere. Wie ein Tablett unterlegen vier feinnervige,
kreuzweise angeordnete Stängelblätter den Blütenkelch, aus
dem sich im Spätsommer eine einzelne beerenartige Frucht
entwickelt. Wo sie wächst, wird der Wald geheimnisvoll, do-
miniert der Schatten das Licht und wärmt die Sonne nur
wenig. Hier wäre ein guter Platz für Zwerge, Wichtelmänn-
chen und andere Waldgeister.

Auf den Feldern blüht jetzt der Raps und sein unverwechselba-
rer, mild-süßer Geruch tränkt die Luft. Am intensivsten geschieht das in den Morgenstunden, wenn die aufsteigende
Feuchtigkeit die aromatische Wirkung verstärkt. Eigentlich
handelt es sich beim Raps um eine nicht unproblematische
Monokultur, deren Anbau reichlich Düngung und Pflanzen-
schutz erfordert. Dennoch genieße ich Duft und Anblick der
weiten, das Land gelb färbenden Felder. In der Frühe, wenn die
Nacht noch auf der Schwelle steht, die Rotkehlchen, Drosseln
und Lerchen den Gesangsreigen eröffnen und der Frühling seine Gerüche am verschwenderischsten hergibt, fühle ich mich
oft, als hätte ich die Welt für mich allein. Wie die Tautropfen
im Verein mit der Morgensonne ihre Blinkzeichen geben, der
Wald gelassen vor sich hindampft und Felder und Wiesen sanft
vom Wind berührt werden, das ist einfach ein Genuss. Kein
Mensch begegnet mir, noch ruht jedes Geräusch von den Straßen und Dörfern. Nur die Rehe schauen mir interessiert zu,
und Fuchs und Hase sagen sich jetzt im wahrsten Sinne Gute
Nacht. In solchen Momenten empfinde ich echtes Glück.

Leider hält in diesen Tagen die schöne Morgenstimmung nicht das, was sie verspricht. Statt Sonne und Wärme gibt es Wolken und Regen. Gleich am ersten Vormittag gerate ich in heftige Regenschauer und werde völlig durchnässt. Wenn sich unterwegs Regen ankündigt, versuche ich natürlich im Wald einen Unterstand zu finden. Hält aber der Regen länger an, tropft bald das Wasser von den Bäumen und ich werde dennoch nass. Das sind dann die Kehrseiten des Brutvogelmonitorings. Aber so etwas gehört ebenfalls zum Naturerleben und sagt mir viel über den Charakter einer Landschaft.

Zwei Wochen später spüre ich während eines abendlichen Ansitzes die Vorboten eines Gewitters. Gegen die Vernunft und weil ich die verbleibende Zeit bis zum Eintreten des Unwetters falsch einschätze, breche ich dennoch nicht gleich auf. Bis zu meiner Unterkunft habe ich einen rund 40-minütigen Radweg zurückzulegen. Nachdem ich endlich auf dem Rad bin, blasen mir auf halber Strecke Böen ins Gesicht, peitscht heftiger Platzregen und zucken die Blitze. Außerdem wird es jetzt schnell dunkel, zumal die Wolken das letzte Abendlicht verschlucken. Ich fahre auf holprigen und glitschigen Feldwegen und muss alle Konzentration aufbringen, um bei diesen Bedingungen nicht zu stürzen. Doch so anstrengend, unwirtlich und fast gefährlich ich das erlebe, so sehr ich mit Wetter und Weg zu kämpfen habe, ich fühle mich gut dabei. Das ist eben eine sportliche Herausforderung, fast ein kleines Abenteuer. Nass und abgekämpft wie ich beim Pferdehof ankomme, freue ich mich, diese bewältigt zu haben. Außerdem kann ich anschließend unter die Dusche, mir einige Wechselbäder gönnen und ein heißes Süppchen zubereiten. Im Verein mit ein, zwei Bieren fühle ich mich bald darauf ganz wohlig.

Im Bibertal

Das Vorkommen von Biber und Fischotter innerhalb meiner Kartiergebiete verschafft mir für meine Erkundungs- und Beobachtungsgänge einen besonderen Reiz. Von beiden Tieren kenne ich die Fußabdrücke, Baue, Burgen, Dämme und andere Hinterlassenschaften bereits aus anderen Regionen. Dennoch konnte ich bisher noch keines dieser beiden mit eigenen Augen in der Wildbahn beobachten. Während einer Kanutour im Osten Finnlands, sie liegt schon 16 Jahre zurück, hörte ich den Biber an manchen Abenden, wenn er ins Wasser eintauchte oder Stämme und Äste bearbeitete. Dort legte ich mich auch einmal frühmorgens auf die Lauer, doch begegnete mir nur ein sichtlich überraschter Jagdhund, als er mit seinem Herrchen (oder Frauchen) auf der Pirsch war. Die Fußabdrücke des Fischotters entdeckte ich sogar einmal im Flussbett der Oberalster im Norden Hamburgs. Beide Tierarten lassen sich nur schwer beobachten, sie sind scheu, hierzulande nachtaktiv und nicht flächendeckend verbreitet. Der Fischotter besiedelt in Mecklenburg-Vorpommern allerdings vermutlich alle für ihn geeigneten Lebensräume. Deshalb begegnet er den Menschen als Symbol von Straßenschildern, die auf seine Wechsel hinweisen, regelmäßig. Das lebende Tier wird dennoch nur selten gesichtet.

Etwas anders verhält sich die Situation beim Biber. Dieser große Nager wurde in Mitteleuropa nahezu ausgerottet. Er galt als beliebte Fastenspeise (der Einfachheit halber deklarierten die Bischöfe ihn zum Fisch), war begehrt wegen seines Fells und eines Sekrets, dem im Volksmund die Bezeichnung

Bibergeil gegeben wurde. Folgerichtig galt es als Aphrodisiakum. Die letzten mitteleuropäischen Bestände überlebten an der Elbe bei Dessau. Sie wurden ab dem 20. Jahrhundert gehegt und gepflegt und breiteten sich trotz verheerender Wasserverschmutzung langsam wieder aus. Hinzu kam allerdings eine große Zahl von Aussiedlungsprojekten in ganz Europa. In Finnland geschah das mit Bibern aus Nordamerika. Weil sie einer anderen Art angehören sollen, kamen diese Maßnahmen auf den Index der strengen Schützer von Arten und genetischer Reinheit. Aber selbst als engagierte Naturschützerinnen und Naturschützer an verschiedenen Flüssen in Deutschland zwar aus Europa stammende, aber angeblich nicht der hiesigen Unterart angehörende Tiere aussetzten, gab es Proteste von dieser Seite[15]. Den seitherigen Erfolgszug des Bibers in Deutschland und Mitteleuropa konnte dies zum Glück aber nicht aufhalten. Inzwischen kommt das stattliche Tier, das im Volksmund früher auch als Meister Bockert bekannt war, an Rhein, Donau, Inn, Main, Pegnitz, entlang großer Teile der Elbe, Havel etc. vor. „Meine" Biber, deren Spuren ich schon im Tal der Blinden Trebel sah, wanderten von der Peene im Osten zu, wo sie bereits zu DDR-Zeiten ausgesetzt wurden.

Im Zusammenhang mit meinen Vogelbeobachtungen könnte ich darauf hoffen, einfach einmal frühmorgens oder abends einen Fischotter oder Biber zu sehen. Wenigstens beim Letzteren wird das aber nicht reichen. Er hält sich nur in einem kleinen Teil meines Erkundungsgebietes auf. Zudem gilt er als scheu und vorrangig nachtaktiv. Möchte ich ihn sehen, so muss ich ihm gezielt nachspüren. Allerdings habe ich in seinem Fall, anders als beim sehr mobilen Fischotter, die Gewissheit, wo er sich aufhält. Unter diesen Vorzeichen beabsichtige ich, schon mit dem Einbruch der Morgendämmerung im Tal der Blinden Trebel zu sein, um dort von einem günstigen Platz aus den Tieren aufzulauern. Leider verbietet mir der Regen, eine ganze Nacht im Tal zu verbringen, und ein Zelt habe ich nicht bei mir. Die Morgendämmerung beginnt im letzten Maidrittel gegen vier Uhr. Anfahrt und Anmarsch von Eixen werden rund 45 Minuten in Anspruch nehmen, zumal ich die Dunkelheit und die schlecht befahrbaren Wegstrecken in meine Überlegungen einbeziehen muss. Weil es mir ratsam erscheint, für die Ankunft am Beobachtungspunkt noch den Schutz der Dunkelheit auszunutzen, gelange ich zu dem Ergebnis, dass ich am besten bereits vor drei Uhr von meiner Unterkunft aufbrechen sollte.

---

[15] Ich bin kein studierter Biologe und schon gar kein Genetiker. Dennoch nehme ich mir das Recht heraus, manchmal ungläubig den Kopf zu schütteln, wenn von dieser Seite anlässlich der Ausbringung oder auch Ausbreitung von Individuen einer Tier- oder Pflanzenart, die mit den heimischen Beständen genetisch (angeblich) nicht hundertprozentig übereinstimmen, ganz besorgt auf sogenannte Faunen- oder auch Florenverfälschung verwiesen wird. Bleiben wir beim Biber, um meine Position zu begründen. Der Eurasische Biber gilt als eine Art, lat. Castor fiber, die innerhalb des ursprünglichen Verbreitungsgebiets vom Atlantik zum Pazifik viele sogenannte Unterarten (besser geografische Variabilitäten) ausbildete. Dafür zeigten sich einerseits unterschiedliche klimatische Bedingungen innerhalb des großen Verbreitungsgebiets verantwortlich. Hauptursache war aber vermutlich, dass Individuen einer Population im Laufe vieler Fortpflanzungsperioden innere und äußere Merkmale je nach Vitalität ihrer Träger häufiger oder weniger häufig weitergaben. Zwar entstehen laut Darwin'scher Theorie auf diese Weise langfristig neue Arten, so weit ging die Entwicklung beim eurasischen Biber aber noch nicht. Außerdem wurden für die Ansiedlung in Deutschland keine Tiere aus Sibirien, sondern solche aus Schweden oder Finnland geholt, die sich wohl kaum von den ehemals hierzulande heimischen Tieren unterschieden. Jedenfalls leben sie alle auf die gleiche Weise, und selbst die Tiere aus Nordamerika, die nach Finnland kamen, paaren sich teilweise mit den dort seit alters her existierenden Bibern (Reichholf, J., „Die Rückkehr der Biber. Ökologische Überraschungen", München 1993). Ob Arten oder gar geografische Variabilitäten tatsächlich strikt voneinander unterschieden werden können, bezweifle ich, denn tatsächlich unterliegen sie alle einem fortwährenden Wandel, nähern sich an oder entfernen sich voneinander. Eigentlich bräuchte ich mich im Zusammenhang mit diesem Kapitel nicht so sehr über diese Zusammenhänge ausbreiten, doch befürchte ich manchmal, in der Biologie (und anderswo) werden überkommene   Deutungsmuster lange beibehalten, obgleich bewusst sein sollte, dass das besorgte Starren auf Merkmalsunterschiede sehr leicht in rassistische Anschauungen überschwappen kann.

Zehn Minuten vor zwei Uhr klingelt der Wecker. Vielleicht bin ich sogar schon einige Zeit vorher wach, denn mein Unternehmungsgeist, besonders heute gepaart mit viel Vorfreude, bringt mich auf Touren. Eine halbe Stunde später sitze ich auf dem Fahrrad. Weil das sowieso auf dem Weg liegt, besuche ich noch schnell den Uferbereich des Eixener Sees. Dort bewundere ich die nimmermüden Rohrsänger und freue mich über das charakteristische und pro Strophe dreimal kurz hintereinander vorgetragene „Pick-de-wick" der Wachtel. Ebenso höre ich einen rau bellenden Laut über dem Wasser. Dieser könnte von einer Zwergrohrdommel stammen.

Im Osten scheint es schon ein wenig zu dämmern, bald stelle ich aber fest, dass heute Morgen vor der Sonne erst einmal der Mond aufgeht. Inmitten vorbeiziehender Wolkenfetzen zeigt sich die drei Tage vor Neumond schmale Sichel in einem düsteren Rot. Mystisch thront sie am Himmel, als wäre sie die Rune einer archaischen Gottheit. Mir gibt sie ein wenig Helligkeit, die ich gut gebrauchen kann. Mit dem nicht eben bequemen Fahrrad fahre ich auf einem Feldweg, der infolge des vielen Regens der letzten Woche nur sehr schwer passierbar ist. Tiefe, vollständig mit Wasser gefüllte Schlaglöcher, abgebrochene Äste und quer gestellte Steine verlangen von mir große Umsicht. Manchmal verschwindet die halbe Speiche in der Pfütze und ich muss auf der Hut sein, um nicht zu stürzen. Außerdem finden die Wolkenfetzen bald zueinander, verdecken den Mond und lassen es noch einmal dunkel werden. Von links und rechts grüßen mich der Schlagschwirl, eine weitere Wachtel, die ersten Drosseln und Lerchen.

Im Anschluss an den Feldweg passiere ich die Ortschaft Hugoldsdorf, wo sich bis auf einen aufgeregten Hund noch niemand rührt. Holterdiepolter setze ich meinen Weg auf einer DDR-Plattenstraße fort, in seligem Gedenken an Trabant und

Wartburg wird mein Hintern vom Fahrradsattel massiert. Dann noch einmal Pflastersteine, das Örtchen Drechow, wieder Feldweg, Matsch und Pfützen, bis ich das Rad nach einer abenteuerlichen Fahrt an einem geschützten Platz abstelle. Pulli und T-Shirt sind nass geschwitzt, hinzu kommt die Nässe von den Pfützen. Leider gerate ich in dieser Hinsicht vom Regen in die Traufe, denn im jetzt sehr hoch stehenden Gras versammeln sich Tau und Regen zu einer Schuhe, Strümpfe und Hosen einnässenden Orgie. Meine an sich guten Wanderschuhe weisen einige undichte Stellen auf und die Gamaschen, die ich in den ersten Wochen wegen eventuellen Schnees im Gepäck hatte, gab ich Gisela nebst anderen nicht benötigten Ausrüstungsgegenständen bereits bei ihrem ersten Besuch wieder mit. Heute könnte ich sie gut gebrauchen. Unter diesen widrigen Bedingungen erreiche ich das Bibertal.

Inzwischen beginnt es tatsächlich zu dämmern und es wäre Zeit, einen günstigen Beobachtungsplatz aufzusuchen. Doch wo soll ich mich bei dieser Feuchtigkeit niedersetzen und auf die Biber warten? Außerdem erlauben das hohe Gras und auch Bäume und Büsche nur wenig Aussicht auf den Fluss. Im Tal befinden sich zwar Hochsitze, sie wurden jedoch auf die Wiesen und Wälder ausgerichtet. So stehe ich nun mit nassen Füßen im Tal der Blinden Trebel, spüre Feuchtigkeit und Kälte an mir hochsteigen und weiß, dass die beste Beobachtungszeit bald vorbei sein wird. Düpiert und unentschlossen wandere ich entlang des Flusses. Einfach aufgeben möchte ich nicht, und wenn ich schon so früh unterwegs bin, lohnt es sich in jedem Fall, die Zeit für Erkundungen zu nutzen. Auch wenn sich dabei kein Biber sehen lässt. Da entdecke ich einige hundert Meter flussabwärts einen kleinen Hochsitz. Er zeigt genau zum Wasser. Es wäre den Versuch wert, diesen als Aussichtsplatz zu nutzen, auch wenn der Weg dorthin durch hohes, dichtes und mithin sehr nasses Gras führen wird. Mittels eines kleinen Stegs überquere ich die von Westen in die Blinde Trebel fließende Bek. Anschließend geht es sehr mühsam weiter bis zum Hochsitz. Meine Strümpfe kriegen dabei eine Wassersättigung wie ein Badetuch nach dem vierten Saunagang. Wenige Meter vor meinem Aussichtsplatz passiere ich einen tief in den Boden reichenden hohlwegartigen Pfad, der vom Fluss in ein Weidengebüsch führt. Anlage und Umfang des Pfades lassen mich annehmen, dass es sich hierbei um einen Biberwechsel handelt. Ein weiteres Stück unterhalb dieser Stelle befindet sich ein typischer Biberdamm. Er erstreckt sich bereits fast über die gesamte Breite des Flusses, nur ein einzelner Durchlass blieb noch bestehen. Aber schon jetzt erhielt das Flussbett an dieser Stelle eine kräftige Ausbuchtung.

Ich frage mich, ob den Bibern die Möglichkeit gewährt würde, mittels des Dammes den Flusslauf zu verändern und einen Teil des Tals zum See werden zu lassen. Immerhin wäre davon die Land- und Forstwirtschaft betroffen und wer weiß, ob die Landwirte damit einhergehende Einkommensverluste hinnähmen. Doch haben die Biber hierzulande einen guten Leumund, und außerdem wurde dieses Tal vor einigen Jahren als Schutzgebiet nach europäischem Recht (Flora-Fauna-Habitatrichtlinie) ausgewiesen. Jedenfalls vergegenwärtigen mir schon die ersten Eindrücke, welchen landschaftsprägenden Einfluss die Biber haben können und auf welche Weise sie die Lebensmöglichkeiten von wasserliebenden Pflanzen und Tieren fördern. Ebenso beeindruckend ist es, zu sehen, wie Stöcke und Äste ineinandergesteckt und mit Schlamm verschmiert wurden, um den Damm zur festen Barriere gegen das Wasser werden zu lassen. Entgegen einer verbreiteten Ansicht bauen Biber nicht überall Dämme und Burgen. Nur wo sie auf stark schwankende Wasserstände treffen und nicht gewährleistet ist, dass sie ganzjährig einen Unterwasserzugang zu ihren Behausungen besitzen, machen sie sich an die schwere Arbeit. Schwankt das Wasser wenig, genügen den Tieren als Unterkünfte auch Erdhöhlen, soweit sie unter Wasser erreicht werden können. Doch überall, wo Biber vorkommen, fällen sie Bäume, am liebsten Weiden und Espen, um vor allem im Winter an die feine Rinde der Äste gelangen zu können.

Auf dem Hochsitz angekommen, wringe ich zuallererst meine Socken aus. Anschließend fühle ich mich an den Füßen wesentlich angenehmer. Weil es aber schon recht hell geworden ist, rechne ich nicht mehr mit Bibern. Doch gefällt mir, wenn das Laub um mich herum immer mal wieder einen goldenen Sonnenguss erwidert, bis die Wolken die morgendliche Schönheit erneut zudecken. Sie scheinen aber weniger zu werden, gute Aussichten für die nächsten Stunden. Ein Hase hoppelt in merkwürdiger Manier. Bei jedem Satz streckt er die Hinterbeine ganz lang und zieht sie anschließend nur wenig gegen den Körper. Auch ihm behagt die Nässe nicht und mit seiner ungewöhnlichen Fortbewegung versucht er, so wenig wie möglich davon abzubekommen. Nebenan präsentiert ein Sumpfrohrsänger seine Imitationskünste, ein Schlagschwirl „wetzt", der Kuckuck ruft und in den Ästen der Erlen beobachte ich zwei Turteltauben. Wie ich so Hasen und Tauben zuschaue, auf die Vogelstimmen höre und mich über den Sonnenschein freue, plätschert, raschelt und knattert es vom Fluss. Ein Biber?! Ich drehe mich in die Richtung der Geräusche. Tatsächlich schwimmt einer dieser großen, rund 150 Zentimeter langen und 30 Kilogramm schweren Nager zum Damm. Er scheint mich zu bemerken, macht sich im Wasser ganz flach. Um ihn nicht zu vertreiben, verzichte ich darauf, das Fernglas anzusetzen. Außerdem ist das Tier so nah, dass ich es auch mit bloßem Auge gut betrachten kann. Einige wenige Minuten verbleibt es in der geschilderten Position. Anschließend klettert es plump über den Deich, um an dessen anderer Seite genau auf dem Pfad zu verschwinden, den ich bei meinem Anmarsch überquerte. .

Jetzt bin ich ganz glücklich. Zeigt sich mir doch tatsächlich ein Biber, ein Tier, das mir in vielen Film-, Bild- und Buchschilderungen vor allem aus Nordamerika immer wieder begegnete; dessen Lebensweise, Tages- und Jahresrhythmus mir seit der Lektüre aus der frühen Jugend wohlvertraut ist. Handeln diese Schilderungen von wilden Regionen, in denen Biber Burgen und Dämme bauen, so treffe ich ihn hier in einer seit vielen hundert Jahren genutzten Kulturlandschaft. Fotos und Filme aus professioneller Herkunft zeigen weitaus genauere und nähere Ansichten von Bibern, als ich sie heute erhalten habe. Doch kann das nicht das Erlebnis wettmachen, ein schwer zu beobachtendes Tier nicht nur gesehen, sondern auch aufgespürt zu haben. Hinzu kommen die mühevolle Anfahrt, das frühe Aufstehen, die Nässe und Kälte. All diese Unannehmlichkeiten konnten mich nicht davon abhalten, mein Ziel zu verfolgen, und darauf bin ich gehörig stolz. Wenigstens in Gedanken, wenn nicht tatsächlich, klopfe ich mir anerkennend auf die Schulter.

Übrigens ist seit dem Sonnenaufgang rund eine Stunde vergangen und ich bin überrascht, dass sich der Biber noch so spät sehen ließ. Vermutlich werden die Tiere in diesem abgelegenen Tal nicht oft gestört, und falls doch, wissen sie um die Ungefährlichkeit der Menschen für ihr Leben. Noch eine gute Stunde warte ich auf dem Hochsitz, ein Biber erscheint nicht mehr. Das lange Sitzen bei kalter Morgendämmerung und mit nassen Füßen und Hosenbeinen verlangt nun Bewegung und Aufwärmung. Aus diesem Grund verlasse ich den Hochsitz, ich möchte auf den Wiesen flussaufwärts weitere Eindrücke vom Tal sammeln. Nebenbei geht es auch heute um die Brutvögel.

Die Wolken haben sich verzogen und endlich scheint die Maisonne einmal wieder zeigen zu wollen, was in ihr stecken kann. Augenblicklich ist es zwar noch kühl, doch bald wird es warm, wenn nicht gar schwül werden. Unter diesen Voraussetzungen ziehe ich Schuhe und Socken aus und stelle sie zum Trocknen an einen sonnigen Platz. Hier brauche ich nicht mit Dieben zu rechnen, auf meinen Streifzügen begegnen mir selten Menschen. Barfuß und mit aufgewickelten Hosenbeinen geht es nun über die nassen Wiesen. Jetzt, nachdem sich die Kälte verzogen hat und ich an den nackten Füßen die Feuchtigkeit als frisch und belebend empfinden kann, ist das ein herrliches Marschieren. Ich wate im Schlamm und durch kleine Tümpel, springe über wassergefüllte Gräben, treibe Frösche vor mir her, erlebe das Prickeln, Kratzen, Kitzeln und Stacheln von Grashalmen, Steinen, Schneckenhäusern, Wurzeln, von am Boden liegenden Zweigen und auch von Brennnesseln. Vor einem guten Jahr schrieb ich Gisela anlässlich ihres Geburtstags ein Büchlein über das Gehen und Wandern auf selbst gewählten Naturpfaden, diese lustvolle, nur aus der Idee heraus orientierte Fortbewegung, die ohne strikte und vorgegebene Wegemarkierungen auskommt. Die Intuition gibt die Route vor und der Weg stellt tatsächlich das Ziel dar. Wie genussvoll erlebe ich es, solche Pfade barfuß zu gehen und auf diese Weise Erde, Gras, Wasser und Tieren ganz nah und auch ein wenig ausgeliefert zu sein.

Am heutigen Tag kenne ich keine Ermüdung, kein Bedürfnis nach einem zweiten Frühstück oder nach Bett und Ruhe. Ich will nur hier draußen sein und die Natur erleben, mit ihr eins sein. Vier Stunden wandere ich flussauf- und wieder abwärts. In einem kleinen Wäldchen scheinen Kraniche zu brüten, die Braunkehlchen und auch ein Neuntöter singen von ihren exponierten Warten. Einmal entdecke ich ein Paar der nicht häufigen Schilfrohrsänger. Ein Roter Milan zieht seine Kreise und sucht über den Wiesen nach Jungvögeln, kleinen Nagern, Fröschen oder auch Aas. Der Kuckuck ist heute nicht zu bremsen, und neben dem bekannten Ruf des Männchens höre ich auch die rasant ausgestoßene Lachstrophe des Weibchens. Eine kleine Starenkolonie, die sich zur Brut im Wald fand, macht mit auffälligem Pfeifen und Flöten auf sich aufmerksam. Übertrumpft werden sie in dieser Disziplin jedoch vom Pirol, dessen stimmungsvolles „Dideldiöh" ich in der Frühlingszeit nicht missen möchte.

Endlich suche ich doch Strümpfe und Schuhe auf, die vollständig trocken wurden. Zufrieden und erfüllt, ja, richtig glücklich, beende ich diese Exkursion in das Tal der Biber.

Jägerlatein und andere Geschichten über unser Verhältnis zu Tieren

Obwohl ich bereits mehr als neun Stunden unterwegs bin, fahre ich noch nicht gleich zum Pferdehof. Eingedenk des heute Morgen mühsamen und sehr feuchten Anmarsches suche ich nach einem kürzeren und wenn möglich trockeneren Zugang zum Hochsitz am Fluss. Von der Ortschaft Drechow führt laut Karte entlang einer ehemaligen Lehmgrube ein weiterer Weg dorthin. Diesen finde ich nach kurzer Zeit. Weil er nicht gar zu sehr durch hohes Gras führt, wird mein nächster Gang ein wenig angenehmer sein. Die alte Grube streife ich ebenfalls, sie könnte ein beliebtes Sekundärbiotop für trockenliebende Pflanzen und Tiere darstellen. Das möchte ich heute nicht mehr herausfinden. Stattdessen habe ich noch etwas anderes vor.

Denn auf der Anfahrt hierher kam ich am Wohnhaus des hiesigen Revierförsters vorbei. Eigentlich stießen mich einige rund drei Monate alte Ferkel darauf, die im zum Haus gehörigen Grundstück frei laufen. Sie stellen einen guten Blickfang dar, und weil die Außenanlagen noch mit einem bunten Bauerngarten geschmückt sind, stieg ich zur besseren Ansicht vom Rad ab. Dabei konnte ich das Schild, das auf die Försterei hinweist, nicht übersehen. Dem Grundstück gegenüber befindet sich ein schilfbestandener Teich, von wo der gleichnamige Rohrsänger eifrig schwätzt und schnarrt. Nachdem ich einen besseren Weg ins Tal gefunden habe, suche ich den Förster auf. Er arbeitet gerade im Garten, nimmt sich aber gerne Zeit für mich. Bisher hatten wir uns noch nicht kennengelernt, weshalb ich diese eher zufällige Begegnung ausnutze.

Herr Steffenhagen zeigt sich aufgeräumt und fragt interessiert nach meinen Beobachtungen. Vielleicht möchte er auch erst einmal meine Kenntnisse testen. Auch seine Erlebnisse mit Bibern, Kranichen, Seeadlern oder Waldkäuzen kommen nicht zu kurz. Auf dem großen Grundstück züchtet Herr Steffenhagen Schweißhunde und Rauhaardackel. Eine Dackeldame ist gerade trächtig. Bliebe ich dauerhaft in dieser Gegend, würde ich mir gleich ein oder zwei Welpen reservieren. Bereits heute Morgen deutete sich an, dass es sehr schwül werden wird. Nun erleben wir beide, wie sich in rascher Folge Wolken auftürmen und ein veritables Gewitter ankündigen. Herr Steffenhagen bietet mir unter diesen Vorzeichen an, mich mit seinem Auto nach Eixen zu fahren. Ich willige gerne ein, zumal das Fahrrad auf der geräumigen Ladefläche des Geländefahrzeugs Platz findet. Auf vier Rädern wären wir schnell am Pferdehof, doch werde ich unterwegs noch mit dem Vorschlag konfrontiert, in einer auf dem Weg liegenden Gaststätte eine kurze Rast zu machen. Da spricht nichts dagegen. Es gibt eine Kleinigkeit zu essen und einen Kaffee, dazu noch die Unterhaltung mit einem hier zum Mittagstisch sitzenden Waldbesitzer. Ihm gehören auch Flächen in meinem Kartiergebiet, u. a. das Birkholz. Es wird ein angeregtes Gespräch, Herr Raben, so heißt der Dritte im Bunde, gefällt mir mit seinen Ansichten. Er favorisiert einen naturnahen Waldbau, lehnt die exzessive Hege des Schalenwilds, wie sie in diesem Landesteil besonders zu DDR-Zeiten betrieben wurde, ab, und scheint insgesamt um einen Interessenausgleich zwischen Forstwirtschaft und Naturschutz bemüht zu sein. Die beiden geraten ins Fachsimpeln, sprechen über Wild und Wald und geben ihre Jagdgeschichten zum Besten. Diese mögen unter Natur- und Tierschützern teilweise verpönt sein, ich aber interessiere mich dafür.

Bereits in einem vorherigen Kapitel schrieb ich davon, wie ich die Faszination, die von der Jagd ausgeht, nachvollziehen kann.

Das war anlässlich meiner Erlebnisse auf dem Schnepfenstrich. Heute Morgen erlebte ich wieder ganz authentisch, welche Spannung sich bei der Suche und dem Ansitz auf ein Tier einstellen kann. Ebenso kenne ich das Gänsehautgefühl, wenn ganz in der Nähe ein Hirsch röhrt oder eine Rotte Wildschweine ärgerlich grunzend durch das Unterholz bricht. Das sind Momente, in denen die anwesenden Menschen nicht mehr nur Betrachter bleiben, sondern mit dem Geschehen verschmelzen.

Über die Jagd vermitteln sich ebenso wichtige Kenntnisse von Tieren. Ich denke hier an die Altersbestimmung aufgrund von Gebiss, Geweih oder Federkleid, die Fähigkeit, Spuren zu lesen und zu interpretieren und den daraus rührenden tiefen Einblick in die Lebensgewohnheiten der Tiere. Jäger, die mit offenen Sinnen unterwegs sind, werden daneben sehr viel über Vegetation, Insekten, Amphibien, ja alles was kreucht und fleucht, erfahren.

Nun töten Jäger in den heutigen Zeiten nicht mehr, um sich notwendigerweise mit Fleisch, Fellen oder anderen Teilen der Tiere zu versorgen, sondern aus reiner Lust an der Jagd. Das stößt bei vielen Menschen auf Ablehnung, wenn nicht gar Abscheu. In diesem Falle sollte aber konsequenterweise auch auf den Genuss von Fleisch, Wurst und am besten aller tierischen Produkte verzichtet werden. Denn Hirsche, Rehe, Wildschweine, Hasen, Schnepfen oder Fasane leben wild, oder um es mit einem neueren Begriff zu fixieren, artgerecht. Dieses Privileg genießen vermutlich 95 Prozent der für Fleisch, Milch, Wolle, Eier oder Federn gehaltenen Tiere nicht. Wer das Töten von Tieren aus Lust an der Jagd ablehnt, sollte konsequenterweise seinen Fleischkonsum und auch die Art und Weise der dafür praktizierten Tierhaltung hinterfragen.

Aus sehr grundsätzlichen Überlegungen plädiere ich hingegen dafür, die Verwertung tierischer und pflanzlicher Erzeugnisse nicht ausschließlich den damit beschäftigten Industrie-zweigen zu überlassen. Denn es besteht ein elementarer Unterschied, ob uns diese Erzeugnisse nur noch kleingeteilt, zurechtgeputzt und abgepackt in den Supermarktregalen begegnen oder ob wir uns die Ausgangsformen, also Tiere oder Pflanzen, mit eigenen Händen zunutze machen. Einen ganzen Fisch auszunehmen, vermittelt Wissen über dessen Aussehen und Lebensweise. Dies schafft ein von anderen präpariertes Filetstück nicht. Ob Möhren, Kartoffeln, Bohnen, Salat, Äpfel – selbst gezogenes und geerntetes Gemüse und Obst berührt nicht nur unseren Gaumen, sondern es muss lange vorher mit Verstand und Geschick behandelt werden. Das gelingt nicht ohne Einblick in die biologischen und ökologischen Ansprüche der Pflanzen. Die gleichen Produkte, gegriffen aus dem Verkaufsregal, sind nur noch Ware; als solche jederzeit verfügbar und in ihrer Herstellung dem Zwang unterworfen, bei maximalem Ertrag so wenig Kosten wie möglich zu verursachen. Manche Exzesse der Tier- und Pflanzenproduktion hätten vielleicht nie stattgefunden, wenn die Erzeugung und Verarbeitung von Lebensmitteln nicht immer stärker aus den Lebensbereichen der meisten Menschen herausgenommen worden wäre. In unserer schönen neuen Welt mit ihren (vermeintlich) unbegrenzten Möglichkeiten wurden Lebensmittel zur Massenware. Wer weiß aber tatsächlich noch, wo sie herkommen und wie sie erzeugt werden?

Mit diesen Sätzen fordere ich keine Rückkehr zur Subsistenzwirtschaft oder in die Agrargesellschaft. Dennoch scheint es mir wichtig, das Wissen und die Erfahrungen über die Erzeugung von Lebensmitteln nicht weiter in Vergessenheit geraten zu lassen. Ganz bestimmt besteht für einen großen Teil der Menschen nicht die Möglichkeit, sich ihr Gemüse selber anzubauen oder die Nutztiere selbst zu halten. Doch sollte dies niemanden davon abhalten, darüber nachzudenken, welchen Einfluss seine Art des Essens und Konsumierens auf die Haltungsbedingungen von Tieren und das Aussehen der heutigen und künftigen Agrarlandschaft hat.

Sollte Letztere, der vorherrschenden Maximierungslogik gehorchend, noch mehr zur Stätte quasi industrieller Massenproduktion werden, dann sehe ich nicht nur für die Zukunft eines sehr großen Teils der einheimischen Tier- und Pflanzenarten schwarz. In den vergangenen drei Jahrzehnten sanken die Bestände der Feld- und Wiesenbewohner um bis zu 90 Prozent. Sehr stark wurden von dieser Entwicklung die wiesenbrütenden Vögel getroffen. Zwar gibt es mittels Agrarumweltprogrammen, Ausweisung von Schutzgebieten oder auch privaten Flächenaufkäufen vielerlei Bemühungen, dieser Entwicklung entgegenzuwirken, sie werden aber nicht mehr als Kosmetik bleiben, sollte nicht insgesamt ein ökologisch nachhaltiger Umgang mit den Ressourcen Boden, Wasser, Luft und biologische Vielfalt zum prägenden Bestandteil wirtschaftlichen und politischen Handelns werden. Zum anderen befürchte ich, dass die Naturentfremdung der Menschen und vor allem von Kindern nicht aufgehalten, sondern eher beschleunigt wird, wenn die Erhaltung von Lebensräumen nur auf kleine Restflächen beschränkt bleibt. Schon jetzt kommen Schutzgebiete nicht ohne zahlreiche Reglementierungen für die Bewegungsfreiheit der Menschen aus. Als nicht integraler Bestandteil der Landnutzung stellen sie isoliert existierende Gebilde dar. Was sonst überall hemmungslos betrieben wird, die Ausbeutung der Naturschätze, soll hier tunlichst untersagt bleiben. Für die naturkundlich Interessierten und die Erholungsuchenden werden dann kluge Dinge wie Lehrpfade, Beobachtungskanzeln und Hinweistafeln eingerichtet. Manchmal gibt es zusätzlich noch ganz ausgefeilte umweltpädagogische Programme. Das ist notwendig, wichtig und begrüßenswert, gehorcht aber letztendlich der Not, sprich der Begrenztheit der Schutzgebiete. Sehr oft frage ich mich, ob und wie unter solchen Vorzeichen ein „eigen-sinniges" Naturerleben noch Platz haben kann.

Hinzu kommen die gut gemeinten Bestimmungen, die besagen, dass wild lebende Pflanzen und Tiere, ebenso wie ihre Bestandteile, nicht ohne Genehmigung aus ihrem Lebensraum entnommen werden dürfen. Das ist im Grundsatz nicht falsch, wird aber dann zur Farce, wenn z. B. das aus kindlicher Neugierde vorgenommene Fangen und Sammeln von Kaulquappen oder Raupen darunter fällt. Wie sollen denn Kinder das Phänomen Wachstum und Entfaltung beobachten, wenn nicht an solchen Anschauungsobjekten. Dass dieses Sammeln im Mini-Maßstab einen Einfluss auf die Bestände haben soll, mag glauben wer möchte. Insekten, die an Sommerabenden zu Tausenden an jeder Straßenlaterne verbrennen oder die vielen totgefahrenen Kröten und Frösche im Frühling zeigen uns schnell, dass die wirklichen Gefährdungen von anderswo kommen.

Das schreibe ich alles, weil ich nicht möchte, dass irgendwann nur noch Menschen unterwegs sind, die zwar keinem Blümlein oder Tierchen zu nahe kommen und ihm nichts zuleide tun können, jedoch von dem, was diese ausmacht, wie sie sich anfühlen, riechen und schmecken, höchstens in der Theorie erfahren.

Womit ich wieder bei den Jägern bin. Herr Steffenhagen erzählt, dass vor wenigen Jahren nicht weit von hier ein Wolf erlegt wurde. Wölfe faszinierten mich schon immer, und die Schilderung gibt mir die Gelegenheit, die beiden zu fragen, wie sie die Zuwanderung von Wölfen oder gar Bären bewerten. Im Augenblick ist in Deutschland im wahrsten Sinne der Bär los, denn Bruno wandert, aus der Steiermark kommend, im deutschen Alpenraum. Das gibt einen Heidenaufruhr, erst ist die Freude über den Bären groß; als er aber Bienenstöcke aufbricht und in Hühnerställen nach Nahrung sucht, soll er bald wieder verschwinden. Endlich wird er mit dem Gewehr gestreckt, unter erheblicher öffentlicher und medialer Anteilnahme. Vielleicht war dieses Tier von vornherein zu sehr mit den Menschen und ihren Ansiedlungen vertraut und wäre über kurz oder lang zu einer echten Gefahrenquelle geworden. Gerade weil ich mir wünsche, dass der Braunbär als Art wieder Heimatrecht im Alpenraum und anderswo erhält, mag ein Abschuss im Einzelfall der klügere Weg sein. Wie wäre es denn um Wölfe und Bären in deutschen Landen bestellt, wenn Bruno tatsächlich einen Menschen angefallen hätte? Die folgende Hysterie hätte die Ansiedlung der beeindruckenden Tiere für die nächsten Jahre, wenn nicht Jahrzehnte, vereitelt. Im Normalfall werden aber die Zuwanderer viel scheuer sein, kaum einem Menschen auffallen und unsere Landschaft bereichern.

Meine beiden Jägerfreunde zeigen sich etwas zugeknöpft auf meine Nachfrage. Sie bemühen ein häufiges Argument, das lautet, beide Arten fänden hierzulande keinen Lebensraum mehr. Ich verweise darauf, dass in Polen, Tschechien, der Slowakei, Italien und Spanien Wölfe und Bären vorkommen. Sie meinen, dort wäre die Landschaft weniger erschlossen. Dabei vergessen sie wohl, dass sich ihre Reviere in einer Region befinden, wo elf Menschen pro Quadratkilometer leben[16]. Außerdem, wo sich Wölfe oder Bären nicht wohlfühlen, werden sie sich nicht dauerhaft ansiedeln. Deshalb glaube ich, die Jäger befürchten hier Konkurrenz, und zwar in noch stärkerem Maße, als dies bei Luchs, Wildkatze, Fuchs, See- und

---

[16] Die polnischen Beskiden und die nördlichen Ausläufer des Apennin (Italien) kenne ich aus eigener Anschauung. Hier herrscht ebenfalls Kulturlandschaft vor, gibt es Felder, Straßen, Dörfer und kleine Städte. In allen Gebieten leben Wolf, Bär, Luchs und Steinadler.

Steinadler, Habicht oder Uhu der Fall ist. Meine Gesprächspartner wollen das aber nicht zugeben. Mir bleibt dennoch der Eindruck, sie wären bei einer Zuwanderung von Wölfen (Bären werden in Nordvorpommern noch lange keine Rolle spielen) nicht begeistert, würden sie aber tolerieren. Vielleicht streifen Wölfe schon viel häufiger durch unsere Landschaften, als allgemein bekannt ist, und die Ansiedlung in der Lausitz stellt keinen Einzelfall dar.

Nach dem angeregten Gespräch fährt mich Herr Steffenhagen am frühen Nachmittag zum nettebrookschen Hof. Wir vereinbaren ein weiteres Treffen. Ich könnte noch einige Auskünfte, u. a. zu Greifvögeln, der Waldschnepfe und dem Ziegenmelker gebrauchen. Rund zwölf Stunden, nachdem ich heute früh aufbrach, bin ich wieder in meiner Wohnung. Hinter mir liegen schöne Naturerlebnisse, Momente großer Zufriedenheit, Glücksgefühle. Mein unvermuteter Abstecher ins Forsthaus fügt sich als gelungener Abschluss ein. Wie doch Abschweifungen und Umwege in vielen Fällen das Leben bereichern.

Zurückgelassene

Nach diesem ereignisreichen Tag finde ich nicht leicht zur Ruhe und eingedenk meiner Erlebnisse schreibe ich Gisela einen beinahe euphorisch gehaltenen Brief. Auf diese Weise kann sie an meiner angeregten Stimmung teilhaben und mir gibt es Gelegenheit, das, was war, noch einmal vor dem inneren Auge zu betrachten.

Neben dem Schreiben von privater Post, das einen großen Raum ausfüllt, führe ich an jedem Beobachtungstag Protokoll. Hierin finden Uhrzeit und Dauer meiner Erkundungsgänge, die jeweiligen Wetterverhältnisse und selbstverständlich die optischen und akustischen Vogelbeobachtungen Platz. Sie werden mit genauen Ortsangaben und erwähnenswerten Verhaltensmerkmalen versehen. Zur Abrundung beschreibe ich den vorgefundenen Vegetationstypus, benenne auffällige Pflanzen mit ihren Standorten und vermerke die neben den Vögeln bedeutsamen Tierbeobachtungen. In dieser Ausführlichkeit geschieht das nicht nur aus Interesse, sondern weil Aufzeichnungen dieser Art ein anschauliches Bild des jeweils begangenen Lebensraums liefern. Aus Gewohnheit halte ich diese Aufzeichnungen zuerst handschriftlich fest, im Abstand von mehreren Tagen tippe ich sie zur besseren Les- und Reproduzierbarkeit in meinen Laptop. Auf diese Weise entstehen in den elf Wochen meines Aufenthalts übersichtliche, weil schematisierte Beobachtungsprotokolle, die nicht nur für mich, sondern auch für Ralf und andere ein zuverlässiges Verzeichnis darstellen werden. Die standardisierten Meldebögen, die mir Ralf zu Beginn aushändigte, bleiben zum jetzigen Zeitpunkt noch so weit offen, wie weitere Erkenntnisse erwartet werden können. Abgesehen von manchen Problemfällen, also Arten, die sehr versteckt leben und sich der Beobachtung zumeist entziehen, besitze ich inzwischen einen guten Überblick über die in diesem Kartiergebiet brütenden Vögel. Vereinzelte Unwägbarkeiten und Einschätzungsprobleme bestehen jedoch noch bezüglich der Häufigkeiten.

Manchmal sehe ich mich auch gezwungen, mich mittels CD oder Kassette einzelner Vogelstimmen zu versichern. In der Mehrzahl der Fälle erkenne ich die Gesänge ohne Schwierigkeiten, dennoch stiften manche Feinheiten Verwirrung. So erwische ich mich immer wieder dabei, wie schwer es mir fällt, die Meisenarten mit ihren vielen verschiedenen Lautäußerungen auseinanderzuhalten. Ganz kirre machen mich auch ab und zu die vier Rohrsänger, wenn sie wie am Eixener See dicht nebeneinander ihre schnarrenden, knatternden und schwätzenden Strophen vorführen. In jedem einzelnen Lied existieren neben den artspezifischen Elementen auch Motive, die sich von Rohrsänger zu Rohrsänger kaum unterscheiden. Hinzu kommen die bereits erwähnten Imitationen anderer Arten. Um die Verwirrung vollständig zu machen, gibt es gelegentlich Mischsänger, was heißt, z. B. ein Teichrohrsänger beherrscht neben seiner eigenen Strophe noch die des Schilfrohrsängers. Da kann man sich dann schon mal die Haare raufen. Unter solchen Umständen können Tonaufzeichnungen eine gute Entscheidungshilfe abgeben, sie reichen jedoch nicht aus, um alle Unsicherheiten auszuräumen.

Vom Hof am Eixener See habe ich einen rund zwölf Kilometer weiten Radweg nach Bad Sülze. Dort gibt es viele Einkaufsmöglichkeiten und laut Auskunft von Frau Nettebrook auch ein Internetcafé. Dort möchte ich einige Korrespondenz erledigen. Die Anfahrt wird sehr reizvoll, sie führt in Teilen entlang des naturbelassenen Recknitztals, wo die überschwemmten Auen ein schönes Landschaftsbild abgeben. Das Internetcafé habe ich bald gefunden, wie in Barth befindet es sich in der Ortsbibliothek. Meine ehemaligen Studienkolleginnen Ilonka und Claudia werden mich am kommenden Wochenende besuchen. Es gilt, noch den Ankunftstag zu klären. Dazu gibt es die gute Nachricht, dass ich im kommenden Sommer für ein zweiwöchiges Seminar der Juniorakademie Schleswig-Holstein als Kursleiter nominiert bin.

Wie zuvor in Barth genieße ich es, wieder einmal etwas mehr Menschen um mich herum zu erleben. Bad Sülze besitzt Stadtrechte, zählt allerdings kaum 2 000 Einwohner, weshalb ich es als Dorf wahrnehme. Gegenüber solchen Nestern wie Eixen, Leplow, Oebelitz oder Drechow ist das Örtchen jedoch richtig gediegen. Als Kurort und Sitz eines historischen Salzmuseums wird die Ortschaft schon ein wenig mehr herausgeputzt und sie bietet malerische Ansichten. Da finden sich versteckte Hinterhöfe, neugierig machende Hofeinfahrten, herausgeputztes Fachwerk, kunstvoll geschnitzte Türinschriften, schmale und verwinkelte Gässchen. In der landestypischen Wuchtigkeit überragt eine aus dem 13. Jahrhundert stammende Natursteinkirche die stilvolle Szenerie. Sie wird gesäumt von zahlreichen liebevoll gepflegten Gemüsegärten, entlang derer sich ein schmaler Zulauf zur Recknitz schlängelt. Obgleich innerhalb dieses gehegten Stadtbilds viele Einkaufsmöglichkeiten vorhanden sind, wurden am Stadtrand mehrere Einkaufszentren nebeneinander errichtet. Über weite Strecken existiert im Umland kein Laden mehr, dafür gibt es hier alles in höchster Konzentration.

Auch in Bad Sülze fallen bald Plätze ins Auge, wo jene Menschen, die mit der Einführung von D-Mark und Euro, von Markt und Wettbewerb, glitzernder Warenwelt und haltlosen

Versprechungen nicht ins bessere Leben gestoßen wurden, ihre Treffpunkte haben. Da stehen und sitzen zumeist Männer, junge, mittelalte und ältere, erzählen ihre Geschichten, lachen, schimpfen, pöbeln, trinken. Sie fühlen sich vermutlich abgehängt, glauben sich chancen- und perspektivlos, ersticken und ertränken ihre Enttäuschungen in Aufschneidereien, rüpelhaften Umgangsformen und Alkohol. Die Szenerie ist nicht neu, aber hier vielleicht noch eindrücklicher, weil ausschließlicher. Armut und Verwahrlosung, müll- und schmutzstierende Ecken kenne ich aus Hamburg in weitaus größerer Dimension. Im Erscheinungsbild der großen Stadt existiert aber auch Fröhlichkeit, Lebensfreude, Optimismus und Jugendlichkeit. Ebenso empfand ich es in Barth oder in Ribnitz-Damgarten. Aber hier, so ganz in der Provinz und abseits der attraktiven Küste, bleibt mir die Einschätzung, als würden sich nur noch die Zurückgelassenen begegnen. Frauen und Männer, die selbstbewusst und zuversichtlich dreinblicken, scheinen so gut wie nicht unterwegs zu sein.

Mag sein, mein Urteil ist hart, vielleicht auch oberflächlich, weil nur auf wenigen Erfahrungen basierend. Mir geht es in keiner Weise darum, zu vereinfachen, zu pauschalisieren, über Menschen und Regionen den Stab zu brechen. Vielmehr meine ich, die hiesigen Menschen haben mehr verdient. Rund 16 Jahre seit der Wende sollte auch den an höchster Stelle Verantwortlichen langsam deutlich werden, dass die ausschließliche Ausrichtung aller Lebensbereiche auf den privatwirtschaftlichen Wettbewerb und die Mechanismen von Angebot und Nachfrage viele Menschen nicht mitnehmen kann und will. Daraus erwächst soziale Ausgrenzung, der tiefe gesellschaftliche Verwerfungen folgen werden.

Diese Sätze schreibe ich in der Überzeugung, dass andere Wege möglich wären. Solche, die die Menschen integrieren und

motivieren, anstatt sie in ihrer Ratlosigkeit sich selbst zu überlassen. Dazu bräuchte es die Bereitschaft, alternative Erwerbs-
formen auszuprobieren, die das Ende der Arbeitsgesellschaft
bereits berücksichtigen. Wie wäre es z. B. mit angemessen
entgoltener Bürgerarbeit[17] statt Hartz-IV-Maßnahmen, mit
nachhaltiger Nutzung der heimischen Landschaft statt auf-
wendiger Förderung von industriellen und touristischen Vor-
zeigeprojekten? Weshalb geht die Tendenz zu noch mehr groß-
flächiger Landwirtschaft, anstatt kleine Betriebe zu unterstützen,
die naturschonend und mittels Selbstvermarktung ihrer Produkte Lebensunterhalt für viele ermöglichen? Wie immer gibt
es auch in diesen Fragen keine einfachen oder gar allgemein-
gültigen Antworten. Aber ich bin davon überzeugt, dass nur
die Bereitschaft, ausgetretene Pfade zu verlassen, den Menschen in dieser vermeintlich abgehängten Region eine echte
Zukunftschance eröffnen kann.

Nachdem am Tag meiner Biberexkursion bis zum Aufzug des
Gewitters die Sonne stramm vom Himmel schien, versteckt sie
sich seither wieder meist hinter den Wolken und lässt viel Regen zu. Die Temperaturen steigen kaum über 15 °C. Der Raps
steht in voller Blüte, auch die hier wenigen Obstbäume sind
noch bunt geschmückt. Doch Bienen und Falter fliegen unter
solchen Voraussetzungen kaum. Höchstens die dicken pelzi-
gen Hummeln können dem Bestäubungsgeschäft nachkommen.
Vermutlich haben auch die fütternden Vögel Schwierigkeiten,
ausreichend Insektennahrung zu finden und die Brut wird unter
Nässe und Kälte leiden. Am Feldweg von Leplow nach Katzenow finde ich in einer fahrbaren Jagdkanzel auf einem waage-
recht angebrachten Brett ein Nest. Darin sitzen vier noch nackte
und bei Berührung schwach piepende Junge. Es könnte sich
um Rauchschwalben handeln, eine Einflugöffnung ist vorhan-

---

[17] Vergleiche hierzu die Ausführungen im Kapitel „Wechselnde Perspektiven".

den. Doch bräuchten die Nackedeis noch Körperwärme. Um sie nicht länger zu beunruhigen, verlasse ich bald die Kanzel, beobachte aber von außen, ob Altvögel einfliegen. Obwohl ich längere Zeit warte, geschieht nichts dergleichen. Möglicherweise haben die Alten die Brut bereits aufgegeben, wurden erbeutet oder erlitten einen Unfall.

Ein andermal höre ich vom Waldsaum ein schrilles, mehrstimmiges Kreischen. Anfangs kann ich die Töne keinem Tier zuordnen, stelle aber bald fest, dass sie sowohl von den Ästen einer Hainbuche wie auch aus einem Haselbusch stammen. Mir kommen Eulen in den Sinn, zuerst die Waldohreule. Gleich darauf höre ich jedoch in dem Kreischen, das aus der Hainbuche kommt, ein Element des Waldkauzrufes heraus. Was verbirgt sich aber im Haselbusch? Das von dort zu hörende Kreischen wirkt kläglich, fast wie Hilferufe. Lange muss ich suchen, bis ich am Fuß des Busches ein dick aufgeplustertes, doppelt faustgroßes Federknäuel finde. Eulenjunge verlassen früh das Nest und suchen in dessen Umgebung stattdessen Äste als Sitzwarten auf. Noch lange werden die treffend als Ästlinge bezeichneten Jungen von den Alten gefüttert. Vielleicht wollte auch dieser kleine Kauz aus dem Nest klettern und stürzte dabei auf den Boden. Der Sturz wird ihm wenig geschadet haben, am Boden ist es aber nass und kalt und hier suchen Fuchs, Marder, Wiesel und Dachs nach Nahrung. Als ich auf das Tier zukrieche, verhält es sich ganz still, versucht aber zu flüchten, als es von mir angestoßen wird. Doch fällt es ungeschickt über die eigenen Beinchen, fast wie eine unglückliche Slapstickfigur. Wie bei den vier Jungen in der Jagdkanzel ziehe ich mich schnell wieder zurück, um weder das Junge noch den Altvogel unnötig zu beunruhigen. Später lese ich, dass kleine Eulen durchaus vom Boden in die Äste klettern können. Einige Tage später finde ich den Platz ganz still und vom Federknäuel ist nichts mehr zu sehen.

Im Rabenwald, wo ich vor sechs Wochen den Kolkrabenhorst fand, sind die Jungen ebenfalls ausgeflogen. Krächzend streifen sie mit den Alten in der weiteren Umgebung des Horstes umher und können bereits sicher fliegen. Ein toter Jungrabe liegt unter dem Horstbaum. Er stand vermutlich auch schon unmittelbar vor der Flugfähigkeit, soweit ich die Ausbildung von Federn und Gliedmaßen richtig interpretiere. Äußere Verletzungen kann ich nicht erkennen. Drückten ihn seine Geschwister aus dem Nest und wurde er dann am Boden nicht mehr gefüttert? Hätte er sich aber in diesem Fall nicht wenigstens hüpfend vom Baum wegbewegt? Vielleicht war das Tier auch krank, schon im Nest ganz schwach oder tot und wurde von den Altvögeln aus dem Nest gebracht? Am Kadaver leisteten Aaskäfer und -fliegen bereits ganze Arbeit, fraßen Stücke aus dem Fleisch, legten ihre Eier in den toten Körper. Im Verein mit Würmern, Mikroben und Schimmelpilzen werden sie den ehemaligen Raben bald in Gänze aufgezehrt haben.

Ein Phantomvogel
und weitere Überraschungen

Täglich bin ich zu Beobachtungstouren unterwegs, erlebe die Landschaft mit ihren vielen Stimmungen, bewege mich zwischen Tieren und Pflanzen. Dennoch spüre ich in den letzten Tagen ein Nachlassen meiner Motivation. Da wird das kalte und regenreiche Wetter eine Rolle spielen oder die Tatsache, dass nach inzwischen mehr als sieben Beobachtungswochen das Gros der Brutvogelvorkommen von mir registriert werden konnte. Kleinvögel, die früh im Jahr zur Brut schreiten, wie z. B. die Meisen, sitzen bereits auf dem Zweitgelege und insgesamt treten nun Werbung und Balz zugunsten des Brutgeschäfts in den Hintergrund. Deshalb erwarte ich kaum noch Neuigkeiten oder Überraschungen, und meine Arbeit besteht nun vor allem darin, mittels weiterer Erkundungsgänge die vorhandenen Ergebnisse abzusichern.

So trifft es sich gut, dass mich am Wochenende Ilonka und Claudia mit den Kindern Antonia und Joshua besuchen werden. Trotz des E-Mail-Austausches bin ich mir nicht sicher, wann sie exakt kommen. Ich favorisierte den Samstagvormittag, Claudia und Ilonka kündigten an, dass sie am Freitagabend eintreffen möchten. Aus diesem Grund wappne ich mich für beide Varianten. Tatsächlich stehen alle vier freitags um 18 Uhr vor meiner Tür, und mit einem Mal ist Leben in der Bude. Der erste Gang geht zu den Pferden. Besonders die erst fünfjährige Antonia ist bereits eine geübte Reiterin und lässt sich trotz der Warnungen ihrer besorgten Mutter Ilonka nicht beirren, ganz fidel allein auf die Koppeln zu laufen und diese großen Tiere zu begrüßen. Morgen wird Frau Nettebrook beiden Kindern je eine Extrareitstunde geben. Der acht Jahre alte Joshua, Claudias Sohn, interessiert sich sehr für den Wald und seine Tiere, er möchte einmal Tierschützer werden. Alle gemeinsam fangen wir im See einige Kaulquappen, die Joshua mitnimmt, um ihnen zu Hause in Hamburg bei Wachstum und Verwandlung zuschauen zu können. Nun bewährt es sich, dass meine Räumlichkeiten großzügig bemessen sind, die Couch im Wohnzimmer als zweites Bett benutzt werden kann und ein großer Esstisch Sitzplatz für alle bietet. Wir kochen an beiden Tagen gemeinsam, unternehmen einen Abstecher nach Bad Sülze und schauen uns ein wenig mein Kartiergebiet an. Es gibt viel zu erzählen und es herrscht eine sehr gute Stimmung. Als sich alle am frühen Sonntagnachmittag verabschieden, bleibt mir der Eindruck, sie werden die zwei Tage auf dem Pferdehof in guter Erinnerung behalten.

Obgleich ich bereits die Meinung äußerte, in puncto Vogelkartierung würde ich zumindest in dieser Region keine Überraschungen mehr erleben, wollen plötzlich noch sechs weitere Arten in meine Liste eingetragen werden. Aber der Reihe nach: Zum ersten Mal seit vielen Wochen bewege ich mich wieder im äußersten Nordwesten meines Kartiergebiets. Anfang April beobachtete ich in diesem Teil zwei sich paarende Kraniche und einen Raubwürger. Dennoch erschien mir dieser Kartierabschnitt als eher unergiebig, zumal sich in seinem Zentrum ein eingezäunter Fichtenwald befindet, in dessen lichteren Abschnitten Dam- und Muffelwild als Gehegetiere gehalten werden. Nachdem aber die attraktiven Bereiche allesamt sehr häufig von mir begangen wurden und ich mir über die dort vorkommenden Bestände ein gutes Bild machen kann, „erinnere" ich mich der vernachlässigten Ecken. In der topografischen Karte stoße ich zudem auf einen rund zwei Hektar großen Teich, der sich unmittelbar an das Örtchen Spiekersdorf anschließt. Er war mir bisher tatsächlich verborgen geblieben. Deshalb wird es nun Zeit, den Teich und seine Umgebung zu inspizieren.

Zum Zwecke eines umfangreichen Einblicks in den ganzen Nordwestteil begnüge ich mich nicht einfach mit der Anfahrt nach Spiekersdorf und einem dann kurzen Abstecher zum Teich. Vielmehr fahre ich noch ein gutes Stück über Spiekersdorf hinaus, verlasse die Hauptstraße und suche über die Feldwege einen Zugang in das Gelände. Leider enden die Wege allesamt im Acker- oder Wiesenland. Zwar könnte ich wie üblich zu Fuß weitergehen und das Rad abstellen, das würde aber bei der heutigen Route bedeuten, dass ich nach der Erkundung des Sees einen viele Kilometer weiten Marsch auf Schusters Rappen zurücklegen müsste, um wieder an das Rad zu gelangen. Nicht weit von hier verläuft ein stillgelegtes Bahngleis in Ost-West-Richtung. Dieses nutze ich als Weg, um nicht über die Raps oder Getreide tragenden Felder gehen und schieben zu müssen. Auf dem Gleis erweist es sich allerdings als praktikabler, das Rad zu schultern. Ein letztes Hindernis stellt ein nicht breiter, dafür aber tiefer Graben dar. Auf seinem Grund hat sich reichlich Wasser gesammelt. Mit etwas Schwung bringe ich das Rad auf die entgegengesetzte Seite. Ohne das sperrige Gefährt habe ich anschließend keine Schwierigkeiten, über den Graben zu springen.

Hinter ihm erstreckt sich ein ca. 20 Hektar großes brachfallendes Wiesengelände. Reichlich Brennnesseln und Wiesenkerbel weisen darauf hin, dass es von den umliegenden Feldern eine Menge Nährstoffe erhält. Wo der Graben an die Wiese anschließt, befinden sich mehrere in Beton eingefasste wassergefüllte Becken, die jeweils von einem Damm umgeben sind. Als ich auf solch einen Damm steige, um das Gelände in Augenschein zu nehmen, ertönt ein seltsam schnarrendes Geräusch. Es klingt, als würde mit dem Daumen über die Zacken eines Kammes gefahren. Der seltene Ton stammt vom Wachtelkönig, einem Vogel, der in Hamburg schon einmal zum Politikum wurde. Er gilt als bedroht, weshalb seine Vorkommen laut der EU-Vogelschutzrichtlinie besonders geschützt werden müssen. Weil nun in einem geplanten Baugebiet in den Mai- und Juninächten regelmäßig viele Wachtelkönige zu hören waren, pochten die Hamburger Umweltverbände auf die Einhaltung dieser Richtlinie. In der öffentlich geführten Auseinandersetzung erhielten sie hierfür nicht nur Beifall, zumal süffisant darauf hingewiesen wurde, dass der Vogel sich nie sehen ließ. Bald war vom Phantom Wachtelkönig die Rede. Tatsächlich ist dieser Vogel nur ganz selten zu sichten, er hält sich fast ausschließlich in der dichten Krautschicht auf und ist überdies vorrangig nachtaktiv. Am ehesten wird er noch beim gelegentlich notwendigen Auffliegen oder während des Zugs beobachtet. Mithin lässt sich nur mithilfe der Stimme die Anwesenheit des Wachtelkönigs feststellen. Vorläufig wurde von der Bebauung des Geländes abgesehen, neben den Wachtelkönigen vermutlich auch aus städteplanerischen Gründen. Die Debatte um die Baulanderschließung und den Wachtelkönig verfolgte ich nur aus der Distanz. Doch wunderte ich mich sehr darüber, wie schwer es vielen Zeitgenossen und -genossinnen fällt, zu akzeptieren, dass manche Tiere nur über Stimmen, Spuren etc. auf sich aufmerksam machen. Dabei erzählt das doch jede Naturschilderung und jede Abenteuergeschichte. Kann es sein, dass die meisten Menschen inzwischen so naturentfremdet sind und diese Binsenweisheit in ihrer Lebens- und Denkwelt keinen Platz mehr findet?

Mir scheint, aus den von mir überblickten 20 Hektar würden mehrere Wachtelkönige rufen. Erst zum Ende des Frühjahrs trifft der Vogel in Mitteleuropa ein und balzt nicht vor Ende Mai, Anfang Juni. In Verbindung mit seiner Nachtaktivität entzieht er sich leicht einer Feststellung. Unter diesen Vorzeichen stellt es einen glücklichen Umstand dar, dass die Vögel sich heute Nachmittag so lebhaft geben.

Nachdem ich das Gelände ausgiebig nach Wachtelkönigen abgehört habe, mache ich mich nun auf den Weg zum Teich, der die westliche Begrenzung des Wiesenstücks bildet. In den Feldern, sie säumen die Wiese im Norden und Süden, treiben die langen Grannen der Gerste ihr rhythmisches Spiel mit dem Wind. Wo ein wenig Wildwuchs zugelassen wird, stecken die Kamillen ihre weiß gesäumten Goldköpfchen in die Höhe und die Kornblumen buhlen um den Rang der schönsten Sommerblüte. In beständigeren Wassergräben gedeiht der Froschlöffel und die Sumpfschwertlilie schiebt ihre gelben Blütenzungen unter den dicken Knospen hervor. Am Teich ist es sehr lebendig, Schlanklibellen schwirren umher, Drossel- und Teichrohrsänger schwätzen unentwegt, die Rohrweihe scheint hier einen Jagdeinstand zu haben. Auf dem Wasser schwimmen mehrere Paare Blesshühner, mit dabei erste Jungvögel. Noch mehr interessieren mich jedoch zwei Rothalstaucher, kleinere Verwandte des bekannten Haubentauchers. Der Rothalstaucher stellt meine zweite Neuigkeit dar. Zwei Tiere weisen auf eine Brut, zumindest auf einen Brutversuch hin. In seiner Lebensweise unterscheidet sich der Rothalstaucher kaum vom größeren Vetter, nimmt jedoch mit kleineren Gewässern vorlieb. Als ob zwei neue Arten nicht genug wären, singt, lockt und schmätzt aus den Büschen am Ufer ein Schwarzkehlchen. Diesen Vogel hatte ich einem trockeneren Lebensraum zugeordnet und in Mecklenburg-Vorpommern schon gar nicht erwartet. Er scheint sich jedoch hier auszubreiten, wobei er das nah verwandte Braunkehlchen möglicherweise aus manchen Gegenden verdrängt.

Am nächsten Morgen bin ich in aller Frühe wieder hier. Leider folgen die Wachtelkönige nicht meinen Erwartungen, die Rufe kommen nur von drei Plätzen. Als ich eine Woche später mit Ralf um Mitternacht hierherkomme, hören wir nur ein Tier. Konnte ich mich so stark in meiner Einschätzung täuschen? Der Wachtelkönig wechselt während seiner Gesangspausen gerne seinen Standort, dazu huscht er unbemerkt durch die dichte Vegetation. Auf diese Weise ist er in kurzen Abständen von unterschiedlichen Stellen zu hören, weshalb die Anzahl der singenden Tiere leicht überschätzt wird. Stattdessen hatte ich aber bis dahin das Glück, auf einer weit entfernten Wiese ein weiteres Männchen rufen zu hören.

Meine letzte Einzelexkursion in diesem Kartiergebiet geht in das Tal der Biber. Mit besserer Wegekenntnis und mehr Erfahrungen über die Gepflogenheiten von Meister Bockert muss ich mich heute nicht ganz so früh auf den Weg machen. Dennoch bin ich um fünf Uhr auf dem Hochsitz. Nebel und Tau haben Gräser, Büsche und Bäume mit milchigem Garn umsponnen, auf dem das erste Sonnenlicht eine goldene Spur zieht. Seine schönste Widerspiegelung findet es in den filigranen Strukturen der Spinnennetze, die zuhauf Wald und Wiesen säumen. Tropfen an Tropfen reiht sich auf den zarten Fäden, die gelassen und nur dem Wind gehorchend ihre verletzbare Ästhetik vorführen. Im Wald plietscht ein Trauerschnäpper, Schlagschwirl, Sumpfrohrsänger und Singdrossel grüßen den Morgen. Die Biber bleiben fern, Gesellschaft mit Zweibeinern steht heute wohl nicht auf ihrem Programm. Wieder wandere ich mit nackten Füßen durch das Tal, vorsichtig beäugt von Rehen, Damwild und Hasen. Linksseitig des Flusses steigt das Gelände an und wird trockener, was die rau zwitschernde Dorngrasmücke akustisch unterstreicht. Der zierliche Sandmohn, die kräftig violette Ochsenzunge und ein mir unbekanntes Vergissmeinnicht charakterisieren dieses

Gelände als nährstoffarmes Trockenbiotop. Ähnliche Voraussetzungen finde ich bei der Lehmgrube nahe Drechow. Hier wachsen Natternkopf und Wilde Karde und die vielen Arten Wildbienen haben zahlreiche Bruthöhlen ins Erdreich gegraben. Ein zweites Mal beobachte ich Schwarzkehlchen. Jetzt sogar ein Paar, das einen fast flüggen und eifrig bettelnden Jungvogel füttert.

Drei Tage später, Ralf und ich inspizieren neben der Wachtelkönigwiese auch dieses Gelände, hören wir den tonlosen, wie das Knarren einer ungeölten Tür klingenden Balzruf eines Rebhahns. Pflanzenschutzmittel, frühe Mahd, der Verlust von Kleinstrukturen und geänderte Fruchtfolgen setzten diesem beliebten Jagdwild sehr zu. Es verschwand aus weiten Teilen seines Verbreitungsgebiets. Um die Jagd aufzuwerten, werden gelegentlich Gruppen von Vögeln, sogenannte Ketten, ausgesetzt. Doch diesen nicht in der Wildbahn groß gewordenen Tieren setzen Beutegreifer gewaltig zu.

An diesem Abend erleben wir über den Wipfeln im Tal der Blinden Trebel auch meine erste und einzige Waldschnepfe im hiesigen Kartiergebiet. Beim Spiekersdorfer Teich, wo wir anschließend noch auf den Wachtelkönig hören, entpuppt sich ein kräftig schmetternder Sprosser bei genauem Hinhören als originale Nachtigall. Die Verbreitungsgebiete beider Arten überlappen sich im Nordosten Deutschlands, die Nachtigall zieht allerdings die trockeneren Standorte vor. Sie singen sehr ähnlich, doch klingt der Sprosser ein wenig härter. Dafür fehlen seinem Lied die melancholischen Crescendostrophen der Nachtigall. Ich empfinde es als würdigen Abschluss, an meinem letzten Abend in Eixen diese Meisterin aller Vogelgesänge zu erleben.

Verschwenderischer Sommer

Am Tag nach dieser gemeinsamen Erkundung holt mich Ralf zum Umzug nach Fuhlendorf ab. Es ist dies mein dritter Wohnortwechsel innerhalb von elf Wochen und ein wenig entsteht dabei eine nomadische Lebensführung. Ankommen, auspacken, eingewöhnen, das Beobachtungsgebiet erschließen, einpacken und so fort. Den Landkreis Nordvorpommern lerne ich auf diese Weise von unterschiedlichen Warten kennen. Andererseits ist es schon mühsam, kaum dass ich mit den örtlichen Gegebenheiten richtig vertraut bin, wieder aufbrechen zu müssen.

Noch ein letzter Blick auf Pferde, Schwalben und den See, eine freundliche Verabschiedung von Nettebrooks einschließlich bester Wünsche, und flugs sind wir wieder am Bodden. Dieses Mal kenne ich die Unterkunft und meine Vermieterfamilie bereits. Frau Preuß meint zur Begrüßung, immer wenn ich käme, schiene die Sonne. Tatsächlich setzt sich nach drei Wochen Regenwetter ab heute eine sommerliche Hochdruckwetterlage durch. Rund zehn Tage bleiben mir in Fuhlendorf für Erkundungen, bis mich Gisela Ende nächster Woche zur Fahrt nach Hamburg abholen wird. Diese Frist im Nacken, nutze ich die folgenden Tage allesamt für ausgedehnte Unternehmungen. Ob Boddenküste, Schnepfenschneise, die Feldmark im Süden oder die Bruch- und Auwälder an Planitz und Barthe: Die Anlaufplätze sind bekannt und ich muss mich nicht lange orientieren. Mit dem einsetzenden schönen Sommerwetter erhalte ich noch einmal einen richtigen Motivationsschub, und mit viel Lust und Leidenschaft füge ich dem bereits vertrauten Geflecht aus Routen, Wegen und Abstechern weitere Varianten hinzu. Trotz der regenreichen und kühlen Witterung der letzten Wochen stellte die Vegetation ganz unvermittelt auf Frühsommer um. Entlang der Feldraine und manchmal auf ganzen Feldern bieten die Kornblumen und der Klatschmohn blau-rote Impressionen, die Heere von bestäubenden Insekten anlocken und mir regelmäßig höchste Bewunderung abverlangen. Wo im Wald Feuchtigkeit und Nährstoffarmut aufeinandertreffen, bilden Ansammlungen des zierlichen, nach seinem prägnanten Blütenbild benannten Siebensterns weiß getünchte Bodenmuster. Die Wasserfeder mit ihren bis 50 Zentimeter aus dem Wasser herausragenden Blütenbeständen gibt den Waldteichen ein lila Dach, das sich sanft im Rhythmus des Windes wiegt. Die Wiesen, soweit nicht schon abgemäht, erhalten von den zarten Ferkelkräutern gelbe Tupfer. In trockenen Sanddünen streckt der Natternkopf seine schlangengleichen Blüten für Bienen und Falter aus. Frisches grünes Schilf säumt jetzt das Boddenufer und die vielen Teiche. Zusammen ergibt das eine Buntheit, in der die verschiedenen Lebensräume der Küstenregion trefflich zum Ausdruck kommen. Tatsächlich, plötzlich ist es Sommer geworden, farbenprächtig, heiß und mit verschwenderischen Gerüchen.

Auch hier haben die Balz- und Sangesaktivitäten der Vögel bereits ihren Höhepunkt überschritten. Jetzt gilt es, die ganze Energie in die Aufzucht der Jungen zu stecken. Die eifrigsten Sänger sind daher jene, die noch kein Weibchen gefunden haben.

Im Waldstück, das an den Michaelsdorfer Bodden angrenzt, suche ich unter einem mächtigen Greifvogelhorst nach Beuteresten. Den Horst entdeckte ich bereits Anfang Mai. Ich sah auch einen an- und abfliegenden Vogel, konnte jedoch nicht erkennen, um welche Art es sich handelt. Scheues und unauffälliges Gebaren am Nest ließ mich auf einen Habicht schließen, vielleicht derselbe, den ich über dem Bodden beobachtete. Heute finde ich unter dem Nest die Schwungfeder einer Silbermöwe, und solche Beute weist ebenfalls auf einen Habicht hin. Einige Tage später, nachdem ein längerer Ansitz in Horstnähe endlich einmal Erfolg bringt, stellt sich jedoch heraus, dass hier Mäusebussarde nisten. Als Erbeuter von gesunden Möwen kommen diese wenig wendigen Greifvögel nicht infrage. Vielleicht war das Tier schon tot, zumindest aber krank oder verletzt, als es in die Fänge eines der fütternden Bussarde geriet. Im Nest hocken zwei weißdaunige Junge, die sich bereits eifrig bewegen und neugierig das Gelände überschauen.

Trotz insgesamt nachlassender Singaktivität machen in diesen Tagen viele Pirole mit ihrem melodischen „Dideldiöh" auf sich aufmerksam. Dieser Ruf lässt sich gut nachpfeifen, und einmal gelingt es mir, ein Männchen auf nächste Nähe heranzulocken. Das wird eine kleine Zwiesprache zwischen Mensch und Tier, und sie gelingt ohne Hast und ohne Drängeln. Ich muss nur warten, pfeifen, warten und wieder pfeifen. In Gänze zeigt sich der Vogel aber nicht, bei allem Näherkommen verlässt er nicht das schützende Blätterversteck der Laubbäume. Pirole bauen kunstvolle Nester, die mit viel Akribie in einer Astgabel aufgehängt werden. Das Männchen trägt ein leuchtend gelbes Gefieder, eingerahmt durch schwarze Flügel- und Schwanzsäume. Beim Weibchen dominieren grüne Farbtöne, die im Blattwerk eine gute Tarnung darstellen. Sein stimmliches Repertoire tritt weit hinter das des Männchens zurück. Am häufigsten ist von ihm ein Kreischen zu hören, das an ähnliche Rufe des Eichelhähers erinnert. Die Farbenpracht und der flötende Gesang des Pirols weckt Assoziationen an die Tropen. Tatsächlich stellt er den am weitesten im Norden lebenden Verwandten einer tropischen Vogelfamilie dar.

Das sonnige Wetter beflügelt nun im wahrsten Sinne die Libellen, Käfer, Schmetterlinge, Bienen, Fliegen und Mücken. Letztere beginnen langsam lästig zu werden, zumal sie in den feuchten Wäldern mit ihren Klein- und Kleinstgewässern geeignete Eiablageplätze finden. Die Wärme treibt ebenso die Zecken aus den Löchern. Einmal, nachdem ich lange zwischen Heidelbeersträuchern umherging, krabbeln 50, 60 oder mehr dieser Plagegeister auf meinen Schuhen und Kleidern. Neuerdings wird in jedem Frühjahr vor Zeckenbissen gewarnt, doch bin ich mit den Tieren erfahren und weiß, welche Körperstellen ich absuchen muss. Die Bisse der winzigen, frisch geschlüpften Larven, um sie handelte es sich, halte ich darüber hinaus für wenig gefährlich. Um Krankheiten übertragen zu können, bedarf es erst einer Infektion auf einem Wirt. Weil sich die Tiere aber nach jeder Blutmahlzeit häuten, sind die riskanten Tiere schon größer und haben einschließlich der Beine die Größe eines kleinen Fingernagels. Dennoch ist mir das Erlebnis mit so vielen Zecken unangenehm und ich streife die zu den Spinnen zählenden Blutsauger sorgfältig ab.

Die Schneeschmelze und der viele Regen der letzten Monate sättigten die Böden mit Wasser, ließen überall Tümpel und Teiche entstehen und die Flüsse über ihre Ufer treten. In Verbindung mit der nun einsetzenden Wärme bildet sich vor allem in dem Auwaldstück entlang der Planitz ein feuchtwarmes Klima heraus, das zusammen mit der üppigen Vegetation einen Hauch Amazonasdschungel an die Ostseeküste zaubert. Kräuter und Stauden schießen in die Höhe, die Bäume sind voll belaubt. Auf dem nur langsam fließenden Gewässer breitet die Teichrose ihre großen, ovalen Schwimmblätter aus und ziert mit ihren gelben, pummeligen Blüten den Flusslauf. Schmetterlinge fliegen, Mücken summen, Laubfrösche quaken um die Wette. Von den alten Eichen quäkt ein Mittelspecht und flötet der Pirol. Eine Rehricke und ihr wenige Wochen altes Kitz, die Fleckung lässt sich gut erkennen, äugen vorsichtig zu mir herüber. Ständig sind die Lauscher in Bewegung, immer wieder wird Witterung genommen. So bleibe ich selbst vorsichtig, bewege mich kaum, um die Tiere nicht zu verscheuchen. Ganz selbstverständlich und ohne Hast verschwinden sie nach und nach im Waldesinnern. Aus der Ferne beobachtet mich eine Rothirschkuh, auch hier gelingt es mir, sie unaufgeregt ihres Weges ziehen zu lassen.

Dichter Morgennebel hüllt die Wiesen und Weiden an der Barthe in Watte. Rot gehauchte Luftfetzen kündigen aber bereits die aufgehende Sonne an. Zwei Kolkraben hocken auf einem Strommast, stolz und unnahbar, als wären sie die Respekt heischende Vorhut aus der Götterwelt. Mit schwerem Flügelschlag und kehligem Ruf fliegt ein Graureiher auf und verschwindet im Nebel. Am Waldrand tollen zwei Hasen. Wo die Planitz in die Barthe mündet, pfeift melodisch auf- und absteigend ein Karmingimpel. Dieser östliche Vetter des Dompfaffs breitet sich nach Westen aus und erreichte inzwischen schon Schleswig-Holstein.

Vom Auwald zum Bodden wird das Land trockener, prägen die Sandböden die Vegetation und die Landnutzung. Hier herrschen Kiefernheiden, Ginsterbüsche, Sanddünen und Erikasträucher vor, bilden Rispengräser lichte Bestände, erweist sich die Fetthenne als Spezialist für trockene Standorte. Im Boden verbergen sich die Schlupfwinkel von Sandbienen und -wespen, baut der Ameisenlöwe seine Fangtrichter und gehen Laufkäfer auf die Jagd. Es wimmelt von Ameisen, und vermutlich leben hier auch Waldeidechse und Kreuzotter. In den Kiefern schwätzt, schnarrt und pfeift der Gelbspötter,

ein Stimmenimitator wie der Sumpfrohrsänger. Ob Neuntöter, Grauammer, Braunkehlchen, Dorn- und Gartengrasmü-
cken, Bluthänflinge, Stieglitze oder die Goldammer, immer
wieder begegnen sie mir in der offenen Landschaft. Hinzu
kommen Mehl- und Rauchschwalben, Feld- und Haussper-
linge und viele mehr. Am Bodden sind die Rohrsänger unü-
berhörbar, führen die Seeschwalben ihre eleganten Jagdflüge
vor, bevölkern Höckerschwäne, Brandgänse, Krick- und
Schnatterenten, die unvermeidlichen Stockenten und die
Kormorane die Wasserfläche. Allesamt alte Bekannte, und in
den letzten Tagen meines Aufenthalts in Mecklenburg-Vorpommern fesseln sie mich ebenso wie die anderen Tiere, die
Pflanzen, die Landschaft noch einmal im höchsten Maße. Am
9. Juni schreibe ich illustrativ in mein Tagebuch: „Ganz sanft
strich die anbrechende Morgensonne Firmament und Früh-
dunst in Rot, zog Schlieren, spann Fäden und tupfte die
Wasseroberfläche mit dünner Farbe." Kaum dass der Wind
das Boddengewässer bewegt, es liegt still, als wäre es zufrieden, nach den kalten und regenreichen Wochen und Monaten nun ganz gemächlich Wärme und Licht in sich einverlei-
ben zu können.

Noch etwas gibt es in diesen Tagen, das mich fesselt. Das
erlebe ich jedoch nicht vor der Haustür, im Wald, auf Wiesen, Feld oder am Bodden. Am 9. Juni beginnt die Fußball-
weltmeisterschaft und die Naturbegeisterung hält mich nicht
davon ab, das Eröffnungsspiel, aber auch viele andere Begegnungen vor dem Bildschirm zu verfolgen. In diesen Tagen bin
ich also voll der Freude über meine Erkundungen in Fuhlendorfs Umgebung, fühle mich in der kleinen, aber gemütli-
chen Wohnung wohl, und auch die abendliche Unterhaltung
kommt nicht zu kurz.

Im Zaubergewölbe der Stille

Ein letztes Mal möchte ich eine ganze Nacht draußen verbringen und mich von der ganz eigenen Atmosphäre des Unterwegsseins im Dunkeln fesseln lassen. Abends gegen halb sechs breche ich in Fuhlendorf auf, das Thermometer zeigt noch immer 30 °C an. Wo das Barther Stadtholz an die Gemeinde Neuendorf Heide angrenzt, suche ich zunächst nach einem trocken gelegenen Schlafplatz. Das stellt sich als nicht einfach heraus, da der viele Regen der letzten Wochen überall wassergefüllte Gräben und Tümpel zurückließ, entlang derer sich zudem die Mücken sammeln. Unentschlossen setze ich meinen Weg zu der Wiesen- und Sumpflandschaft am Neuendorfer Boddendeich fort und stelle Rad und Gepäck an einem geschützten Platz ab.

Infolge der großen Hitze und der zum Ende der Paarungs- und Brutzeit nachlassenden Gesangsaktivität singen an diesem Abend die Vögel nur sporadisch. Manche Teichrohrsänger schnarren dennoch unentwegt aus dem Schilf und auch sein Zwilling, der Sumpfrohrsänger, macht von sich hören. Schon später am Abend kündigen Amseln, Singdrosseln und Rotkehlchen die einziehende Dämmerung an. Eine oder mehrere Wachteln rufen versteckt aus der Wiese, vereinzelt plärren auch Gold- und Grauammer. Lange erkunde ich das Wiesengelände, pirsche auf dem Deich und entlang der Wassergräben. Um mich flattern Nachtfalter, keckern die Wasserfrösche. Als die Sonne als Feuerball im Meer versinkt und in einer letzten Aufwallung ihrer Kräfte Himmel und

Wasser blutrot pinselt, bin ich immer noch am Bodden. Im Osten hat inzwischen der Mond seine Kreisbahn aufgenommen. Es ist Vollmond und daher eine gute Gelegenheit, um vom Hochsitz auf der Schnepfenschneise die nächtlichen Aktivitäten der Tiere zu verfolgen. Anschließend könnte ich mich ein wenig schlafen legen. Aber auf den Wiesen schlägt sich jetzt die während des Tages aufgestiegene Feuchtigkeit nieder, im Wald schwirren die Mücken und krabbeln die Zecken. Außerdem möchte ich in aller Frühe zu den Heidegebieten im Barther Stadtholz, um dort ein letztes Mal auf den Ziegenmelker zu warten. Viel Schlafenszeit bliebe da nicht. Nach kurzer Abwägung gelange ich zu dem Entschluss, die ganze Nacht auf den Beinen zu bleiben.

Leider erreiche ich die Waldschneise zu spät, um den abendlichen Balzflug der Waldschnepfe zu erleben. Allerdings hatte ich sie in den vergangenen Tagen mehrfach vor dem Sonnenaufgang gehört. Dafür heulen die Waldkäuze schaurig, einmal meine ich auch, das feine Fiepen junger Waldohreulen zu hören. Noch extra beflügelt von Wärme und Feuchtigkeit finden die Frösche keine Ruhe. Am lautesten macht allerdings ein Reh, vermutlich eine Ricke, auf sich aufmerksam. Bald eine Stunde lang bellt und blökt sie ganz aufgeregt. Zwischendurch kommt mir in den Sinn, meinerseits mit einer kräftigen Lautäußerung das Tier zu vertreiben. Auf diese Weise würde ich zwar auch alles andere verscheuchen, doch wissen inzwischen sicherlich alle Tiere von meiner Anwesenheit. Schließlich bleibe ich aber still sitzen und irgendwann beendet die Ricke ihr heiseres Geschrei.

Das erhoffte Vollmondlicht fällt in dieser Nacht bescheiden aus. Denn – wie ich feststelle – im Juni steht der Mond sehr tief und kommt kaum über die Baumwipfel hinaus. Stattdessen grüßt im Osten aber schon um drei Uhr schüchtern die

Morgendämmerung. Für mich wird es Zeit, vom Hochsitz aufzubrechen, um in das Barther Stadtholz zu gelangen. Noch scheint die Szenerie um mich schlaftrunken, bleiben Bäume, Sträucher, Äste und Zweige schemenhaft und in milchige Nebelschleier eingesponnen. Aber unverzagt tremolieren die Nachtschwärmer Sprosser und Sumpfrohrsänger und mit dem Morgengrauen wird der Gartenrotschwanz lebendig. Ihm folgen Amsel, Singdrossel und Rotkehlchen. Mit dieser akustischen Untermalung erreiche ich die ehemaligen Raketenstützpunkte, die in der kaum gebrochenen Dunkelheit noch düsterer erscheinen. Anfangs kaum merklich, schwillt die Dämmerung sanft an und die Vögel werden lebhafter. Aus den Kiefern und Lärchen wispern die Sommergoldhähnchen, Grasmücken und Laubsänger rüsten sich für die morgendliche Gesangsrunde. Wo bei den Kiefernheiden der Baumpieper bereits zu seinen Singflügen startet, warte ich auf den Ziegenmelker. Aber der scheint hier nicht vorzukommen und wenn doch, dann muss er sehr bemüht sein, mich das nicht wissen zu lassen. Dafür murkst und puitzt die Waldschnepfe und ich bin jedes Mal ganz fasziniert, wenn sie mit schnellen Flügelschlägen auftaucht, um gleich darauf wieder zu verschwinden. Ein Grauschnäpper tsickt auf seiner Jagdwarte, Hauben- und Tannenmeisen zetern, gürren und pfeifen.

Langsam werde ich müde. Die Sonne lässt sich nun nicht mehr bremsen und nachdem sie mehr als eine halbe Stunde lang ihr feuriges Vorspiel auskostete, leuchten ihre Strahlen jetzt Wald und Wege aus. Über den schönen weiten Wiesen in Fuhlendorfs Südosten jubilieren die Lerchen, während zahlreiche Rehe sich dort zur Äsung eingefunden haben.

Um halb sechs in der Frühe bin ich im Bett. Viel Schlafenszeit bleibt allerdings nicht, denn ein paar Stunden später holt mich Ralf zur Fahrt nach Drechow ab. Wir sind mit Förster

Steffenhagen verabredet und weil es sich günstig fügt, werden wir uns anschließend mit den anderen Kartiererinnen und Kartierern aus Ralfs Zuständigkeitsbereich zum Mittagessen treffen. Herr Steffenhagen sitzt mit Familie und zwei Jagdgästen auf der Terrasse des Forsthauses. In geselliger Kaffeerunde schildert er uns seine Einschätzungen der Bestände von Rebhühnern, Waldschnepfen, Wachtelkönigen und Greifvögeln. Daraus entwickelt sich ein lebhafter Meinungsaustausch, in dessen Verlauf auch strittige Themen, wie der Abschuss von Rabenvögeln oder die von den Jagdausübenden angemahnte Kurzhaltung von Fuchs, Marder oder Marderhund zur Sprache kommen. Wir könnten noch lange sitzen und sprechen, aber die Kolleginnen und Kollegen warten bereits in Milienhagen in der Gaststätte, wo ich vor drei Wochen mit den beiden Forstleuten zu Tisch saß. In dieser Fünferrunde gibt es ebenfalls viel zu schildern und zu berichten. Sei es von unseren Beobachtungsergebnissen, den Erfahrungen aus drei Monaten Kartierzeit, wie wir währenddessen die alltäglichen Dinge des Lebens organisierten und vieles mehr.

Leider gelang es nicht, weitere Treffen dieser Art zu organisieren. Schwierigkeiten in der Terminabsprache, mangelnde Mobilität und die nicht allen mögliche durchgängige Anwesenheit in der Region standen dem im Wege. Umso wertvoller ist dieses einmalige Treffen und wir genießen es, im Kreise Gleichgesinnter zu sein. Zwei bis drei Stunden sitzen wir beieinander, bis die Ersten aufbrechen. Bei Ralf stehen in Barth weitere Termine an, andere möchten an diesem Tag noch nach den Vögeln schauen. Mir selbst würde nach der langen Nacht ein frühes Zubettgehen nicht schaden. Aber ich begleite am selben Abend Ralf bei einer naturkundlichen Wanderung, die ihn nach Wieck auf dem Darß führt. Leider erscheinen nur zwei Teilnehmerinnen, aber sie haben ihre Freude an den Stimmen und Beobachtungen der Vögel, die wir in und um die Ortschaft ausfindig machen.

Tags darauf begleite ich Ralf zu einer weiteren abendlichen Unternehmung. Wir möchten eine Renaturierungsfläche im Süden des Landkreises in Augenschein nehmen. Ein vormals eingedeichtes und landwirtschaftlich genutztes Flusstalmoor musste als Ausgleich im Zuge des Neubaus der A 20, die den Kreis auf einer West-Ost-Linie auf der Höhe von Bad Sülze, Tribsees und Grimmen durchschneidet, wieder in einen naturnahen Zustand zurückversetzt werden. Solche Ausgleichsmaßnahmen schreibt das EU-Umweltrecht vor und wie ich bald sehen werde, kam auf diesem Wege etwas Gutes heraus. Damit möchte ich die Eingriffe einer Autobahn in das Landschaftsbild und die Mobilität von großen und kleinen Tieren, den direkten Verlust wertvoller Lebensräume und die von ihr ausgehende Lärm- und Schadstoffbelastung nicht kleinreden. Aber die A 20, die von Schleswig-Holstein bis nach Polen führt, war politisch auf höchster Ebene gewollt und konnte nie und nimmer verhindert werden. Angesichts dieser Sachlage halte ich es für sehr verdienstvoll, dass staatliche und private Naturschützerinnen und Naturschützer vermutlich in zähen Verhandlungen und mit viel Strategie eine so aufwendige und letztendlich gelungene Renaturierung umsetzen konnten.

Wie bereits gestern kommen wir bei der Fahrt nach Süden durch mein vormaliges Kartiergebiet, und auf ein Neues verzücken mich die pittoresken Ansichten von der bräsig vor sich hindösenden Landschaft und den schlichten, verschlafenen Dörfern. Die trutzige Tribseer Kirche erhält in der Abendsonne eine goldene Patina. Als wir die befestigte Straße hinter uns gelassen haben und auf einem Feldweg die letzten Meter zum Tal fahren, entdecke ich ein Paar Rebhühner. Als wir den Wagen verlassen, formieren sich über den seit der Renaturierung wieder entstandenen Überschwemmungsflächen die Nebelschwaden und vor dem rot glühenden Abendhimmel ziehen sie glimmende Schlieren. Von allen Seiten singen, ru-

fen, pieksen, schnarren und zetern Vögel. Da nölen die Grau-
gänse, fliegt heiser kreischend ein Reiher auf, schnattern die
Stockenten, plörren Knäkenten. Gleichermaßen lebhaft zeigen sich Wasser- und Laubfrösche. Nicht nur akustisch machen Schwärme von Stechmücken auf sich aufmerksam. Nur
in T-Shirt und kurzer Hose, biete ich den Quälgeistern reichlich Saugfläche. Vor uns schlängeln sich zwei gut fingerlange
Larven des Gelbrandkäfers über den Weg. Mit ihren Respekt
einflößenden Greifzangen, der kräftig gepanzerten Kopf- und
Halspartie, dem gestreckten Hinterleib mit seinen sechs Beinen und den ganz am Körperende befindlichen Atemrohren
erscheinen sie wie zu Zwergen verwunschene Urzeitmonster.
Ralf und ich sind überrascht, die Larven außerhalb des Was-
sers zu sehen. Ebenso wie die entwickelten Kerfe sind sie be-
hände Wasserjäger, die selbst Kaulquappen und kleine Fische
erbeuten. Von ihren Landausflügen wussten wir bisher nichts.

Nicht weit von uns entfernt ertönt das hölzerne Stakkato einer Wasserralle. Ich versuche das Tier zu imitieren, worauf es
kurz verstummt, anschließend seine Rufreihe fortsetzt und
schließlich den quiekenden Revierruf anstimmt. Ganz in der
Nähe klingt es, als würde eine Peitsche durch die Luft gezogen. In steter Folge ist dieses Geräusch zu hören, wenngleich
von wechselnden Standorten. So markiert das Tüpfelsumpf-
huhn sein Revier, eine Rallenart wie Bless- und Teichhuhn,
Wasserralle und Wachtelkönig. Dabei lebt es ähnlich verborgen wie die beiden Letztgenannten und besiedelt Gebiete, in
denen sich viele kleine pflanzenbestandene Tümpel
aneinanderreihen. Erst kaum vernehmbar, dann deutlicher
werdend, meckert eine „Himmelsziege". So lautet die volks-
tümliche, leicht schalkhafte Bezeichnung des Schnepfenvo-
gels Bekassine, der auf diese Weise sein Revier markiert. Ver-
gleichbar mit dem Trommeln der Spechte entsteht das
„Meckern" als Instrumentallaut, der hervorgerufen wird, wenn

das Tier beim Sturzflug die beiden äußeren links und rechts sitzenden Schwanzfedern vom Körper wegspreizt und sich die Luft an diesen Widerständen verwirbelt.

Uns umgibt eine andächtig machende Stille, trotz der vielen Geräusche, die Tiere, Wind und Wasser verursachen. Mir scheint, als wüchsen die Teiche und Tümpel, die Aktivitäten der Tiere, das sanfte Rauschen des nahen Waldes, die aufziehenden Nebelschwaden und der sich nun mit Sternen bevölkernde Himmel zu einem harmonischen Ganzen zusammen. Was sie vereint, ist die Stille. Sie überwölbt die Szenerie, gibt ihr einen die einzelnen Teile überragenden Zusammenhalt. Eingebettet in das Zaubergewölbe der Stille fühle ich mich wie auf einer Zeitreise in ein Mitteleuropa, das vor 100, 200, 500, 1000 oder 10 000 Jahren existierte. Obwohl hier noch vor wenigen Jahren intensive Landwirtschaft betrieben wurde, wirkt dieser Platz zeitvergessen und nur den unumstößlichen Rhythmen der Naturzyklen unterworfen. Es braucht wenig Fantasie, um sich Wisente oder Auerochsen vorzustellen, die in den Teichen und auf den nassen Weiden Äsungspflanzen suchen, sich zur Kühlung im Wasser wälzen und wohlig brummend Körper an Körper reiben. Sind diese Bilder wirklich so weit weg? Mit ein wenig Glück lassen sich hier sicherlich Hirsche oder Wildschweine in ähnlicher Manier beobachten.

Vermutlich bedarf es wie im platonischen Höhlengleichnis für die Wahrnehmung der Stille einer Idee, die erst den geeigneten Empfindungs-Raum bereitet. Wenn jedoch die Idee im Menschen existiert, dann wird er diese Stille immer wieder suchen. Weil in der schnellen, gehetzten, lauten Welt von heute diese Suche vielfach ins Leere geht, liegt hier der wahre Schatz Mecklenburg-Vorpommerns verborgen. Ihn sollten die Menschen nicht aus den Händen geben.

Im Verein mit den vielen intensiven, schönen und beglücken-den Naturerlebnissen meiner dreimonatigen Kartiertätigkeit stellt der Ausflug in diese archaisch wirkende Sumpflandschaft das Tüpfelchen aufs i dar. Hier erlebe ich noch einmal all das, was mich in den vergangenen Wochen fesselte, bannte, be-glückte. Spannende Erlebnisse mit Tieren, aufschlussreiche Beobachtungen, verträumte Landschaften und die alles über-wölbende Stille. Ein würdiger Abschluss.

Erst nach Mitternacht kommen wir in Fuhlendorf an, nicht ohne auf dem Rückweg noch ein paar malerische Ortsbilder zu genießen. Sehr zufrieden lege ich mich schlafen.

Epilog

In den folgenden beiden Tagen verspüre ich das Bedürfnis, noch einmal die mir wichtigen Beobachtungsplätze und Wegerouten des Fuhlendorfer Kartiergebiets aufzusuchen. Die Bilder wiederholen sich und sind doch immer wieder neu. Überall gab es Nachwuchs. Staksig stehen drei Kiebitzküken am Rande eines Tümpels, immer in Obacht, dass ihre Eltern im Blickfeld bleiben. Ein junges Häschen nutzt den Wegesrand als Platz für ein Sonnenbad. Als ich mit dem Rad vorbeifahre, flüchtet es mit kurzen schnellen Sprüngen auf die andere Seite und rennt auf und ab, um schließlich seinen alten Platz einzunehmen.

Heiß reflektiert der Asphalt die Sonneneinstrahlung, und heiß ist auch der Sand, den ich abseits der Hauptwege passiere. Über dem Bodden weht eine laue Brise, die Abkühlung bringt. Nach den vielen Wochen, in denen ich mit Kälte und Nässe zu kämpfen hatte, genieße ich das Sommerwetter, wenngleich die Unternehmungen nun schweißtreibend werden. Es macht Spaß, einfach in der Sonne zu sitzen, sich auszuruhen oder aus bequemer Warte zu beobachten. Ameisen krabbeln über meine Füße, Bienen, Hummeln, Wespen und Fliegen summen um mich herum, Schmetterlinge nutzen mich als Ruheplatz. Hoch steht das Getreide, die Gerste wird bald reif sein. Kornblumen, Klatschmohn und Kamille geben Feldern und Wegerändern Farben, auf stillen Teichen bildet der Wasserknöterich rosa Inseln. Im Auwald klöht der Schwarzspecht, dümpelt die Teichrose und schwirren die Schlankjungfern.

Inmitten dieses Landschaftsgemäldes sitze ich zufrieden und guter Dinge. Freilich, die nahende Abreise bereitet ein wenig Wehmut. Aber in mir überwiegt die Freude über das Erlebte. Wie viele spannende und überraschende Beobachtungen gelangen mir, wie reizvoll war es, unbekannte Wege und Landschaften zu erkunden, welche wunderschönen Bilder schufen Sonne und Mond, Nebel und Tau. Beschwernisse wie Sturm, Regen und Kälte, nasse Schuhe, Hosen und Strümpfe gaben den Erlebnissen eine Prise Abenteuer. In Ralf fand ich nicht nur einen angenehmen Kollegen, sondern einen Freund, mit dem die Zusammenarbeit Spaß machte. Mein Verhältnis zu Gisela in diesen Wochen der Trennung war ausgezeichnet, wir hatten einen intensiven brieflichen Austausch und innige Treffen. Die hier lebenden Menschen, mit denen ich zu tun hatte, zeigten sich entgegenkommend, aufgeschlossen und hilfsbereit. Ich blicke auf erfüllte elf Wochen zurück.

Am Donnerstagnachmittag sitzt Ralf bei mir auf der Terrasse, wir halten Abschlussbesprechung, spinnen Ideen für künftige Projekte und tauschen unsere Eindrücke über die getane Arbeit aus. Kurze Zeit, nachdem er gegangen ist, trifft Gisela ein. Später schlendern wir durch Fuhlendorf, bewundern die sanft im Meer versinkende Sonne und gönnen uns einen Kneipenbesuch mit Abendessen und Bier. Den folgenden Morgen gilt es noch ein wenig zu packen. Wieder müssen eine Menge Kartons im kleinen Twingo untergebracht werden. Ralf lässt es sich nicht nehmen, am Abfahrtstag vorbeizukommen, um sich von mir zu verabschieden. Als Dankeschön für meine Arbeit schenkt er mir das Buch „Die Seele der Raben" von Bernd Heinrich. Das passt richtig gut zu meinen Rabenbeobachtungen und ist vor allem eine sehr schöne Geste. Wir sagen uns herzlich auf Wiedersehen. Noch ein Tschüss und alles Gute für Familie Preuß, dann steigen Gisela und ich ins Auto und es geht zurück nach Hamburg.

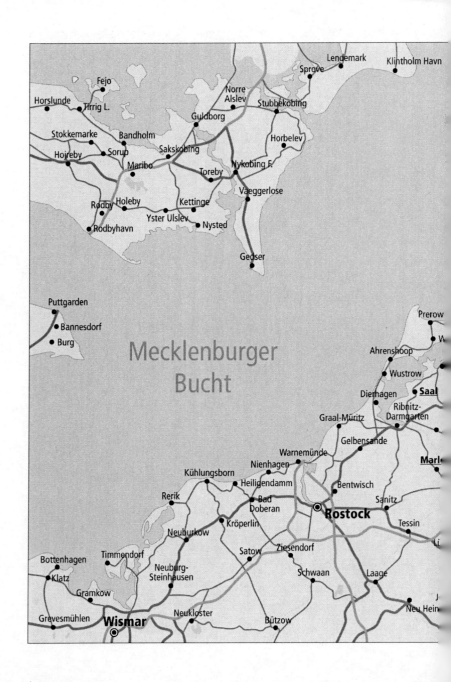

Ostsee

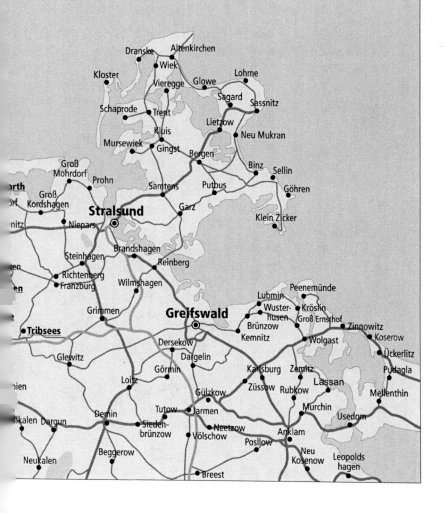

Bibliografie
Andreas Klotz

- *Wildbeuter und Hirten. Zur Moderne verpflichtet.*
  In: Märkte–Staaten–Welt der Menschen. Wie universal ist Globalisierung? Lambrecht/Hessselbein (Hrs.)
  Hamburg 2000, S. 124–134

- *Die symbolische Kraft der Begriffe – New Economy und Cyberwelt.*
  In: „Z", 56/2003, S. 193–196 (Rez.)

- *Die Fauna der Eiszeit und das Klima im Wandel.*
  BUND-Magazin, 2/2003 (Rez.)

- *Darwins gefährliche Erben. Biologie jenseits der egoistischen Gene.*
  In: „Argument" 251/2003, S. 468–469 (Rez.)

- *Atlas der Globalisierung.*
  In: „Argument" 252/2003, S. 764–766 (Rez.)

- *Tauschwert, Mehrwert und Ressourcenverbrauch.*
  In: „Z", 59/2004, S. 194–195 (Rez.)

- *Geschichte, Fortschritt, Zukunft. Gesellschaftliche Ungleichheit, Naturausbeutung und Patriarchat.*
  In: „Forum Wissenschaft", 1/2005, S. 47–51

- *Der Füllmenbacher Hofberg – ein Schmuckstück aus dem heimischen Naturraum.*
  In: „Enzkreisjahrbuch", November 2005

- *Wiesen im Enzkreis – Natur- und Kulturerbe der Region.*
  In: „Enzkreisjahrbuch", November 2007

Der Autor

Andreas Klotz, 1958 in Pforzheim geboren und dort aufgewachsen, war Postbeamter, bevor ihn Neugierde und Wissensdrang nach neuen Ufern suchen ließen. So studierte er Sozial- und Politikwissenschaften in Frankfurt/M., Hamburg und Dar es Salaam und arbeitete für Naturschutzprojekte und in der Obdachlosen- und Flüchtlingsbetreuung. Er ist als selbstständiger Naturwanderführer, Dozent und Autor tätig.

Caterina Göstl

Der Austausch
Erzählung

Was passiert, wenn zwei junge Menschen verschiedener Länder einen Schüleraustausch wagen? Und das, obwohl sie sich noch nie gesehen haben? Richtig: Es kann alles gut gehen, wenn man das Schiefe mit Humor nimmt ...
Die sechzehnjährige Cati aus Berlin, die alles toll findet, solange man es mit Frankreich in Verbindung bringen kann, möchte endlich französische Luft schnuppern. Ein viermonatiger Austausch, das wär's! Dass Cati dabei jedoch so manche Hürde bewältigen muss, damit hätte sie nicht gerechnet. Wie findet man einen geeigneten Austauschpartner und wie fühlt man sich, wenn man bei einer fremden Familie wohnt? Unterscheidet sich die Welt der Franzosen von jener der Deutschen?

ISBN 978-3-86634-433-4   Preis: 19,50 Euro
Hardcover   20,2 x 14,5 cm

Ilona Möschter

E-Mail aus Korea
Ein Jahr im Land der Morgenstille

Du musst uns viel schreiben, versprochen?!
Mit dieser Bitte ihrer Arbeitskollegen im Gepäck
kündigt die Autorin in Januar 2005 ihr Arbeitsver-
hältnis in einem Rostocker Unternehmen. Sie folgt
ihrem Mann, der für eine große deutsche Reede-
rei als Bauaufsicht für Containerschiffe schon etwas eher in das Abenteuer Korea aufgebrochen
war. Für beide ist es der erste längere Aufenthalt
in Asien, dem sie mit gemischten Gefühlen entge-
gensehen.
Nach kurzer Eingewöhnungsphase gilt es, den All-
tag neu zu organisieren, alles ist anders in diesem
ihnen weitestgehend unbekannten Kulturkreis.

ISBN 978-3-86634-393-1   Preis: 12,80 Euro
Paperback   181 Seiten, 19,6 x 13,8 cm